LE JOURNAL INTIME DE LA VILLA SAINT-PIERRE

Le Journal Intime de la Villa Saint-Pierre

My Lady's Manor

PHYLLIS PRITCHETT DE MARTINI

This book is also available in English under the title MEMOIRS
OF A MANSION,
ISBN 978-2-9701510-1-2

Ingram Content Group Inc.
1 Ingram Blvd, La Vergne
TN 37086, USA

Illustration de couverture créée par Marie-France Corminboeuf

Le Journal Intime de la Villa Saint-Pierre
Second edition in paperback
ISBN 978-2-9701510-4-3

A mon fils Jim

REMERCIMENTS

La première partie de ce livre est tirée d'articles du *Journal d'Estavayer* et du *Journal de la Broye* de 1910 à 1980. Les sujets traités et les opinions exprimées sont ceux des journalistes qui écrivaient pour ces journaux à l'époque. Mes sincères remerciements vont au personnel de Media f, ancienne Imprimerie Butty, qui a gracieusement accepté ma présence dans ses archives deux ans durant. Mes remerciements vont également aux nombreuses personnes qui m'ont fourni des informations et de l'aide. En particulier: Rosmarie Binz pour ses relectures, Hervé Galeuchet pour la vérification des faits historiques et le contrôle de ma traduction, Marie-France Corminboeuf pour la couverture, Jean-Pierre Grossrieder et Francis de Vevey pour le partage de leurs collections de photos, Alain Liardet, mes voisins Marguerite Bovet et Denis Chanez pour avoir partagé l'histoire du quartier, Margot Salamin et la famille Volery pour leur soutien indéfectible durant toutes les années que j'ai passées à la *Villa Saint-Pierre*.

L'auteure

Ça fait bien longtemps que je l'avais rencontrée!

C'était lorsque son mari est tombé amoureux de moi... Inutile de préciser que Madame ne m'a pas beaucoup estimée à cette époque. Mais attention, je ne suis pas un être ordinaire. Enfin, je ne suis pas un être du tout ! Je suis un édifice, une villa néoclassique, on dit même un manoir.

Elle était ma deuxième propriétaire. Au moment de notre rencontre, j'avais déjà traversé deux guerres et trois générations avec une autre femme, celle qui m'avait donné naissance, je veux dire construite ! Au fil des ans, nous sommes devenues des amies proches. Elle a appris à interpréter mes humeurs, à mieux connaître mes goûts et à choisir le décor adapté à mon style classique. Nous avons développé une certaine intimité, ce qui a facilité la communication entre nous, malgré d'évidents obstacles.

Ma vie a déjà duré plus d'un siècle jusqu'à ce que j'estime bon de raconter mon histoire et les événements qui se sont produits autour de moi... avant que tout cela disparaisse. Bien des gens publient leurs journaux intimes et leurs mémoires. Donc pourquoi pas moi? Mais comment pourrais-je le faire sans bouche pour parler et sans main pour écrire? Un tel projet nécessitait un « porte-paroles ».

Pendant que je tentais de résoudre mon problème, ma

propriétaire était assise dans mon salon, en train de lire le magazine *L'Illustration* publié à Paris depuis 1915. D'habitude, elle perçoit très bien mon humeur et mes pensées, même si parfois elle est un peu lente à les saisir ! Soudain, une brise légère a soufflé par la fenêtre, alors j'en ai profité pour rassembler toutes mes forces et propulser une idée vers elle:

« Ecris mon histoire ! Ecris-moi un journal ! »

Au bout d'un moment, elle s'est levée avec une expression lumineuse sur son visage et elle a dit en regardant autour d'elle...

« Tu sais, je viens d'avoir une idée géniale. Je vais écrire un journal racontant ta vie. En ville, il y a des jeunes gens et des nouveaux habitants qui ne savent pas ce qui s'est passé ici au cours du siècle dernier. Moi je ne pourrais en raconter qu'une partie, mais toi tu pourrais relater toute ton histoire. C'est une idée merveilleuse, tu ne trouves pas? »

Ouf, ça y était ! J'étais épuisée, mais elle avait enfin compris ... voilà mon histoire.

8 **novembre 1910**

Il pleuvait ce jour-là ! Dans le bureau de Monsieur Ernest Devolz, architecte à Fribourg, des ruisseaux d'eau serpentaient lentement le long de la vitre. J'ai aperçu, et je crois que c'était ma toute première perception, le stylo à plume de l'architecte planant au-dessus d'un grand dessin bleu. M. Devolz se penchait sur sa table à dessin et vérifiait méticuleusement chaque détail du plan du bâtiment que je deviendrais un jour. Puis, satisfait, il se redressa le sourire aux lèvres et apposa sa signature avec un geste majestueux.

Voilà, j'étais prête à voir le jour. Et j'avais un nom : La Villa Saint-Pierre. L'encadré dans le coin inférieur du grand plan étalé sur la table à dessin m'a fourni des informations importantes.

Ernest Devolz, Architecte		
Villa Saint-Pierre Avenue de la Gare, Estavayer		
18 novembre 1910	AF.0568.P182	

Monsieur Devolz était un architecte réputé dans la région et j'étais flattée de figurer parmi ses créations.

Une fois les formalités du permis de construire et

d'enregistrement au bureau foncier accomplies, je pouvais me considérer comme officiellement née et il restait à me concrétiser sur le terrain. J'étais impatiente de découvrir la ville et le quartier où j'allais me trouver.

Par une matinée frisquette, le soleil levait sa tête au-dessus du Plateau et tentait de dissiper la brume accrochée à la surface du lac de Neuchâtel. Un de ses rayons s'est focalisé sur une parcelle juste en dehors des remparts de notre petite cité médiévale. C'est là que le sol serait défriché et creusé pour poser mes fondations. L'un de mes premiers souvenirs est celui de M. Devolz arpentant mon terrain, tout en tapotant le plan de ma construction enroulé dans sa main. Il vérifiait les repères placés par le géomètre pour établir mes dimensions et par un hochement de tête à son contremaître, il indiqua que l'ouvrage pouvait commencer.

Le premier coup de pelle a tranché l'herbe et extrait une lourde motte de terre. Ma construction avait commencé ! Elle se poursuivrait encore pendant deux ans jusqu'à ce que je me dresse, moi, une fière et imposante bâtisse de style néoclassique.

Au début, avec des brouettes et des pelles, les hommes creusaient et empilaient de la terre, tandis que les chars tirés par des chevaux l'emportaient plus loin. En entendant les directives que le contremaître criait par-dessus les grincements des roues et les claquements des fouets, les chevaux hennissaient et piaffaient. Surpris par toute cette agitation, des lièvres qui avaient creusé des trous partout sur ce terrain levaient des têtes étonnées. Je me demandais ce qu'ils pouvaient penser du cratère creusé pour mes fondations. Sur le bord de mon terrain, un entassement de blocs de granit attendait pour installer la base du bâtiment. Ils me paraissaient bien solides et durables, me donnant l'assurance de parvenir à un grand âge.

La dalle de ma fondation a été coulée avec des vagues de béton frais. Les maçons l'ont nivelé à l'aide de longues planches de bois qu'ils remuaient sans cesse ; ce mouvement me chatouillait un peu ! Des blocs de molasse verte finement taillés formaient les angles de ma structure et je trouvais le contraste avec la maçonnerie blanche de ma façade très chic. M. Devolz utilisait la même molasse verte pour les colonnes soutenant mon portique. Dès le début, j'ai trouvé que j'avais l'air distingué et une allure un peu italienne.

Parmi les ouvriers, en effet, beaucoup venaient d'Italie. À ce moment-là, je ne connaissais rien de ce pays, mais j'ai vite remarqué que leur manière de parler n'était pas la même que celle de mon architecte et de son contremaître.

La première chose que j'entendais chaque matin était « Buongiorno, Buongiorno », les travailleurs s'interpellaient sans cesse : « Giuseppe, dammi una mano, presto ! » (Donnez-moi un coup de main, vite !) ou «Matteo, mettilo quà » (mets ça ici !).

Mon environnement

Un beau matin dans le mois de juin 1911, un étrange oiseau pétaradant a plané au-dessus de nos têtes. Les ouvriers ont posé leurs outils et regardé le ciel. Matteo a crié avec enthousiasme:

« C'est René Grandjean, l'as de l'aviation. Il va traverser le lac de Neuchâtel avec son avion. »

Le lendemain, il a raconté aux autres que Grandjean avait subi des ennuis de moteur et tout juste réussi à revenir sur la rive. Aidé par un fort vent, il avait atteint le rivage où l'avion s'était écrasé dans les roseaux. Je me suis demandé si ces fragiles engins avaient vraiment un avenir.

Au fur et à mesure que ma construction avançait, je suis devenue plus consciente de mon environnement. Je suis située à l'avenue de la Gare ou il y avait deux hôtels édifiés récemment dans le quartier : le Bellevue et l'Hôtel du Lac. Je me dressais donc entre les deux. La gare, construite en 1877, se trouvait de l'autre côté de la rue. C'était un endroit fascinant débordant de bruits et de mouvements.

La Gare et l'Hotel Bellevue C'est mon toit que vous apercevrez entre les deux

Photo de Jean-Pierre Grossreider

Le cataclope des sabots de chevaux résonnait dans l'air humide du matin, tandis qu'ils montaient l'avenue de la Gare avec leurs chariots pleins de betteraves à sucre. Le sifflement de la locomotive à vapeur fendait l'air, alors que le train approchait de la gare. Obscurcies par un nuage de vapeur, les roues grinçaient en ralentissant jusqu'à l'arrêt.

Les fermiers criaient et manœuvraient leurs chevaux sur le quai de chargement, jonglant pour trouver la disposition la plus adéquate. Alors que les chevaux piaffaient d'impatience, les betteraves étaient chargées dans des wagons destinés à l'usine d'Aarberg où le sucre était extrait. Il servirait à faire de délicieuses confitures et autres pâtisseries. Parfois aussi il était servi avec de l'absinthe distillée dans le Val de Travers... Mais chut ! Cela était interdit depuis 1908 comme je l'ai appris par une discussion du contremaître avec ses ouvriers. Quand le vent venait de l'ouest, il apportait jusque chez moi l'odeur de la sueur des chevaux et de leur crottin répandu sur le quai. Après leur départ, les employés de la gare le ramassaient pour l'entasser sur un côté de la place.

Chaque jour, sur l'avenue, une ribambelle d'hommes en canotier, de femmes en robes longues, d'écoliers, de nounous avec des poussettes, de chevaux, de chiens, de calèches et de chariots, de vélos, de religieuses catholiques dissimulées sous leurs coiffes, défilaient devant mon portail. Tout ce petit monde observait la progression de ma construction en se racontant les derniers potins sur mes futurs occupants.

Dans mon quartier, l'Hôtel du Lac avait été récemment

transformé et abritait l'Institut Stavia, un prestigieux pensionnat pour garçons. À côté de la gare, se dressait l'Hôtel Bellevue, une audacieuse création Art Nouveau.

L'Hôtel Bellevue

À son entrée, un panneau vantait ses prestations les plus modernes : chauffage central, électricité, chambre noire pour la photographie et garage pour les voitures.

L'Hôtel possédait un splendide jardin où des dames avec des ombrelles étaient assises pour discuter et prendre leur thé. Grâce aux commérages devant mon portail, j'ai appris que les clients venaient de Paris en train. Je ne savais pas où était exactement Paris, mais j'adorais regarder passer ces dames dans leurs longues robes à la mode, tailles de guêpe et manches bouffantes. Elles protégeaient leur teint clair sous des chapeaux à larges bords très élaborés et donnaient le bras à des messieurs distingués qui maniaient des cannes même s'ils étaient jeunes et en forme. De mon portique, je pouvais admirer tout ce beau monde se promenant le long de l'avenue.

Les vacanciers passaient leurs soirées au Casino-théâtre et leurs journées dans leurs cabanes de bain au bord du lac. L'eau du lac de Neuchâtel était réputée bénéfique pour la santé et certains vacanciers fréquentaient le sanatorium lacustre du Dr Thürler. Là, se trouvaient une flottille de canots et des matelots expérimentés pour les initier à l'aviron, celui-ci étant recommandé pour développer le thorax et activer la circulation en vue de prévenir la tuberculose. La rive de notre pittoresque lac, exempte de toute poussière, était devenue un endroit populaire pour profiter du grand air et prendre d'agréables bains de soleil.

Les premières automobiles

Sur l'avenue de la Gare, une automobile à essence passait de temps à autre ; elle attirait tous les regards, mais j'ai aussi remarqué qu'elle laissait derrière elle une désagréable odeur de gaz d'échappement. Un jour, mon architecte et son contremaître ont arrêté leur travail pour assister au passage d'une voiture Martini. Monsieur Devolz l'a pointée du doigt.

« Vous avez vu cette automobile ! C'est une voiture à

essence fabriquée à Saint-Blaise, de l'autre côté du lac ; elle est plus rapide qu'une voiture électrique ! »

« Oui, mais elle fait beaucoup de bruit et de fumée, argua le contremaître. Je ne pense pas que cette technique va durer. »

Pour ma part, je pensais que les chevaux avec leur croupe arrondie et leur longue crinière étaient merveilleux. Pourquoi vouloir remplacer ces belles créatures par des engins en tôle assourdissants et sans vie ?

Je grandissais de deux étages et ne pouvais m'empêcher de me demander quelle hauteur j'atteindrais quand je serais complètement construite. J'ai entendu mes ouvriers parler de gratte-ciel de vingt étages sur lesquels ils avaient travaillé dans les grandes villes. Je ne comprenais pas ce qu'ils voulaient dire, mais cela me semblait terrifiant. J'étais trop jeune pour avoir prêté plus d'attention aux plans de construction lorsqu'ils étaient disponibles ; toutefois, j'avais toute confiance que M. Devolz avait prévu pour moi une hauteur raisonnable. Mes ouvriers ont parlé aussi des maladies effrayantes que les bâtiments peuvent attraper ; pourriture sèche, salpêtre, moisissure, radon et mildiou. J'espérais que mes propriétaires seraient assez prévoyants pour me protéger de ces maux.

Le désastre !

Tout près de moi et jusqu'à l'extérieur des remparts, se trouvait l'imposante structure de l'Institut du Sacré-Cœur, un pensionnat pour filles suisses allemandes dirigé par les Sœurs Théodosiennes d'Ingenbohl. Il avait été construit en 1905, il y a seulement six ans, nous étions donc presque contemporains. La façade néogothique du Sacré-Cœur lui donnait une allure élégante malgré son important volume. Tout autour du bâtiment se déployait un grand parc arborisé et couvert de parterres de fleurs.

Soudainement le ciel est devenu orange. Le prestigieux Institut avait pris feu !

Heureusement, les pensionnaires avaient pu être évacuées et, grâce à l'intervention des pompiers et des habitants, une partie du mobilier avait été sauvée ; en revanche, la charpente avait complètement brûlé. En attendant sa reconstruction, les 180 internes vécurent dans des familles en ville. Les salles de classe ont été rapidement restaurées.

Désormais, j'étais consciente d'un autre danger susceptible de menacer mon existence : le feu !

Lorsque mes murs ont atteint les étages supérieurs et que les chevrons ont été arrimés, j'ai dû supporter beaucoup de bruits de sciage et de martelage. Les ouvriers enfonçaient sans pitié de longs clous pointus et des vis dans mes chevrons. C'était très désagréable, mais je savais que c'était pour mon bien et nécessaire pour réaliser une structure solide et durable.

Pour me distraire pendant ces périodes de stress, je regardais les chevaux et les charrettes cahoter sur l'avenue de la Gare.

La Gare

J'adorais la gare. Un quai de gare, c'est un peu le monde en petit ! On y voit des gens pressés, des gens courtois, d'autres se bousculant ou franchement impolis. On est

témoin d'adieux touchants ou de retrouvailles joyeuses !
Il est cependant une scène qui se répète fréquemment
juste avant le départ d'un train : des dialogues silencieux
à travers la vitre, hermétiquement close, chacun parle en
même temps sans comprendre un seul mot de ce que dit
l'autre ! Et pourtant il est des regards qui parlent mieux
que de longues phrases.

Le sifflet du train entrant en gare m'indiquait l'heure
qu'il était. Lorsque le vent venait du sud-ouest, il empor-
tait les annonces du contrôleur jusque chez moi :

**Vous arrivez à Estavayer. Ce train
continue vers Cheyres, Yvonand,
Yverdon-les-Bains. Prochain arrêt Cheyres.**

Parfois, lorsque le train entrait en gare, le coucher de
soleil sur le Jura teintait les nuages d'une vapeur jaune
et rose. Le dimanche soir, les portes étaient à peine ouvertes qu'une troupe d'écoliers en pantalons courts et
chaussettes montantes dégringolait des wagons. C'étaient
les pensionnaires de l'Institut Stavia qui rentraient après
avoir passé le week-end dans leurs familles. J'aimais les
voir se bousculer et les entendre crier et rire. Je me demandais si, un jour, j'aurais mes propres enfants, quand je
serais habitée bien sûr !

Une fois, un groupe de religieuses catholiques, vêtues
de tuniques noires et de guimpes blanches impeccables,
s'est arrêté un instant devant ma grille pour m'admirer.
Je me demandais si j'étais catholique moi aussi. Ayant

été construite dans le canton de Fribourg, catholique par définition, je supposais que je l'étais.

Un grand jour

Quel grand jour ce fut quand mon toit a été terminé et que les tuiles de terre cuite ont été mises en place ! Pour un bâtiment, c'est un moment solennel : les composants individuels sont rassemblés pour former un tout unique, une nouvelle entité dans le monde architectural. L'événement a été célébré par mes ouvriers qui ont placé un petit sapin sur mon toit et rejoint M. Devolz pour un verre et un buffet appétissant.

La dernière chose installée sur mon toit était une haute tige métallique avec un câble qui descendait jusqu'au sol. Cela m'a d'abord intriguée, mais j'ai appris plus tard que c'était un paratonnerre pour me protéger des courants électriques dans les nuages. Ouf, j'échapperais ainsi aux coups de foudre !

L'achèvement de mon toit étanche et solide est arrivé juste à temps. Quelques jours plus tard, une substance blanche et froide tombait du ciel et se déposait sur mes tuiles.

« La neige ! se sont exclamés les ouvriers, c'est tôt cette année ! »

Au début, c'était un peu inquiétant. Il faisait froid sur mon toit et mon portique tout neufs ; j'ai vu que la neige ne couvrait pas que moi... mais aussi les arbres, l'herbe, la rue et tout ce qui m'entourait. Étonnée, je découvrais un paysage où tout était blanc. Hurlant de rire, les enfants dévalaient l'avenue de la Gare sur leurs luges en bois. Les lièvres, qui avaient déplacé leurs terriers dans le pâturage à vaches de l'autre côté de la rue, traçaient des lignes entrecroisées jusque dans mon parc. À la tombée de la nuit, le manteau de neige scintillait à la lumière de la pleine lune, projetant des motifs géométriques sur mon nouveau parquet en chêne à travers les vantaux de mes fenêtres.

La Glacière Cardinal

En face de chez moi, à proximité de la voie ferrée, j'avais remarqué un petit bâtiment en bordure du pâturage. Construit dans un style traditionnel plutôt attrayant, il avait la taille d'un hangar de stockage. Je n'avais jamais vu quelqu'un y entrer ; de toute façon, c'était trop petit pour être habité.

Avec l'hiver, une activité mystérieuse s'y déroulait; de gros blocs de glace arrivaient sur un char pour être ensuite entassés, puis recouverts de paille à l'intérieur du bâtiment. Par les commentaires des ouvriers passant devant chez moi, j'ai compris que ces blocs de glace avaient été taillés dans un étang peu profond situé en dessous du château, appelé la Grande Gouille. La glace était ensuite stockée dans le petit bâtiment, puis chargée dans un wagon et livrée à la brasserie Cardinal à Fribourg.

Cela expliquait le nom du petit bâtiment : la Glacière Cardinal.

Ma ville

L'endroit où j'étais en train être construite se trouve à proximité d'une petite ville médiévale fortifiée. De mon deuxième étage, je pouvais voir par-dessus les remparts et admirer le spectaculaire château de Chenaux avec ses hautes tours et sa barbacane. Quel édifice !

Le château de Chenaux vu de mon deuxième étage
Photo de Jean-Pierre Grossrieder

Plus tard, j'ai appris que sa construction avait commencé en 1285 et était achevée par le héros historique de notre ville, Humbert le Bâtard de Savoie, avant sa mort en 1443. Cela faisait donc près de 600 ans. Quelles histoires le château devait avoir à raconter !

J'avais aussi une bonne vue sur le clocher de la Collégiale et ses quatre échauguettes permettant une surveillance dans toutes les directions. Les jours de grandes célébrations, des drapeaux et des bannières flottaient sur les tours de l'église. En d'autres occasions, un drapeau blanc apparaissait sur la tour du donjon du château. J'espérais apprendre un jour sa signification.

Pendant ma construction, un groupe d'étudiants du séminaire de l'Université de Fribourg s'est arrêté à l'avenue de la Gare avec leur professeur ; ce dernier leur a expliqué l'histoire de notre ville et, en particulier, celle du Couvent des Dominicaines ; ce lieu de prière existait depuis 1316, il avait fonctionné sans interruption pendant presque 600 ans. C'était vraiment extraordinaire !

Fraîchement arrivée sur la scène architecturale et modeste en comparaison, je me sentais humble en face de ces vénérables structures. Je ne voudrais pas sembler ingrate envers mon architecte, mais quelques tours ou une barbacane ne m'auraient pas dérangée... Hélas, je supposais qu'elles n'étaient plus à la mode !

Naturellement, je voulais savoir pourquoi j'avais été construite. Au début, je pensais être une école comme l'Institut Stavia ou un hôtel comme le Bellevue. Mais je pouvais constater que je n'avais pas assez de pièces pour l'une ou l'autre de ces fonctions. Je me souvenais que le cartouche sur mon plan de construction indiquait Villa Saint-Pierre.

Donc, je devais être une grande maison familiale, le plus récent ajout à un quartier chic et haut de gamme qui possédait même un Casino-Théâtre. J'étais fière de faire partie de ce nouveau quartier, le premier de la ville depuis 550 ans et le premier à être développé hors des remparts. En plus, j'étais sûre que ma présence contribuerait au prestige de notre faubourg.

Le Casino-Théâtre

Au début, je ne me rendais pas compte du rôle important que le Casino-Théâtre jouait dans la vie de la population locale. Il avait été inauguré en 1902, avec une pièce du Dr Louis Thurler intitulée **A travers le vieux Stavayé**, représentée devant 7000 personnes venues de toute la Suisse.

Le Casino-Théâtre
Photo de Jean-Pierre Grossrieder

C'était une production extraordinaire qui avait été préparée durant tout l'hiver. Les 150 acteurs, chanteurs et figurants avaient été choisis parmi les pêcheurs locaux, les artisans, les employés de bureau, les hommes d'affaires, les enseignants et les enfants. Le succès de cette production théâtrale et musicale a donné à notre quartier une distinction culturelle qui a duré des années. De nombreuses autres productions ont suivi cette première.

La maison de Jules Chanez, mon plus proche voisin, a été construite sur le terrain au-delà de mon arrière-cour. La propriété se compose d'une maison et de bâtiments de stockage pour le bois et les matériaux de construction. J'imagine que les Chanez s'intéressaient beaucoup à ma construction. J'ai un peu surpassé leur maison et j'espère ne pas avoir laissé l'impression d'être hautaine. Il est toujours préférable de bien s'entendre avec ses voisins ! Sur mon côté ouest, il y avait aussi un bâtiment de ferme qui appartenait à la famille Bovet. J'en étais séparée par une rue étroite appelée la route Saint-Pierre, plutôt calme.

Dans une niche du mur qui l'entoure, se trouve une statue de Saint-Pierre reconnaissable aux clés du royaume des Cieux qu'il tient à sa main. À sa base, sa date : 1783. C'est cette statue qui m'a donné mon nom, la Villa Saint-Pierre.

Un tourbillon d'activités se déroulait depuis quelque temps entre mes murs, avec des électriciens, des plombiers, des peintres, des décorateurs perçant, grattant, plâtrant, enduisant et fixant toutes sortes d'accessoires. Je savais que tout cela était nécessaire pour me rendre non seulement belle, mais aussi fonctionnelle et saine. Dehors, mes jardins prenaient forme avec des allées de gravier, des bouquets d'arbustes et un parterre de fleurs rond devant mon portique. J'étais ravie de voir qu'un cèdre avait été planté devant la baie vitrée de ma salle à manger. Nous allions grandir ensemble.

Lorsque le soleil glissait sur le Jura et que l'air du soir rafraîchissait ma façade, un bruit inhabituel me laissait perplexe. Cela ressemblait à "côa - côa". Puis il y avait un intervalle de silence, et la symphonie de "côa - côa" reprenait. Un jour, j'ai eu l'explication par les paysagistes qui finissaient leur journée.

« Il y a beaucoup de marécages autour du lac de Neuchâtel, » a dit l'un d'eux, et un million de grenouilles ! J'ai un ami qui est pêcheur. Quand il embarque sur son bateau le soir, les grenouilles cessent de coasser et recommencent dès qu'il quitte le rivage. »

J'étais contente d'avoir cette information.

Mes premières années

Dans mon intérieur, on en était aux finitions. Le décorateur a recouvert les murs de mon salon d'un luxueux revêtement de soie brodé. Avant de le poser, il a inscrit leurs noms sur le plâtre : G. Moser et H. Cottier, Tapissiers chez Les fils de Henri Bobaing ainsi que la date : 1912. De lourds rideaux de velours vert ont été installés à mes fenêtres avec des panneaux brodés sur les valences ; ils étaient retenus par une passementerie tressée d'or.

Une cheminée en marbre blanc apparaissait dans mon salon, et j'ai tout particulièrement apprécié ses panneaux latéraux finement sculptés. Des radiateurs ont été installés sous mes sièges de fenêtre et mon décorateur a pris la peine de les recouvrir d'un joli treillis doré. Il y avait aussi des portes astucieusement dissimulées dans les arceaux entre mon salon, mon petit salon et ma salle à manger ; on pouvait les glisser pour diviser les pièces. Autre élément bienvenu de confort : par une simple pression sur un interrupteur, mes chambres étaient baignées d'une abondante lumière. En effet, grâce à de nombreux barrages, la Suisse avait la chance d'être l'un des premiers pays d'Europe à disposer de l'électricité.

Au sous-sol non plus, on n'avait pas lésiné sur les appareils : une grande lessiveuse en cuivre chauffée au charbon était utilisée pour laver le linge qu'on rinçait ensuite dans deux bassins en pierre situés à côté. À la suite du lavage, on passait les vêtements dans une machine avec deux rouleaux pour les essorer avant de les suspendre aux cordes à linge. J'étais fière d'être équipée de ces installations ultramodernes.

Mon ingénieux architecte avait aménagé un fumoir dans mon grenier. Voilà comment il fonctionnait : une des cheminées était reliée au poêle à bois de la cuisine. La fumée du poêle traversait le fumoir où des jambons entiers et des saucisses étaient suspendus pendant trois semaines. Cette fonction astucieuse fournirait à ma famille de délicieuses viandes fumées en permanence, un avantage que tous ses membres apprécieraient au cours des années difficiles à venir.

Mes propriétaires n'avaient pas lésiné sur la dépense non plus. J'avais dû leur coûter très cher et je me demandais qu'ils étaient. Pour autant que je puisse en juger, ma construction était terminée, mais je restais inhabitée, ce qui n'était pas sans risque. Une nuit vers minuit, un homme rentrant d'une fête est entré dans mon jardin et a uriné contre les blocs de granit de ma fondation. Inutile de dire que j'ai été consternée, dégoûtée même. Où étaient donc mes propriétaires ? Il fallait vraiment qu'ils emménagent et prennent les choses en main au plus vite !

Mais qui étaient-ils ces mystérieux propriétaires que je n'avais encore jamais vus ?

Une arrivée en calèche

La rosée s'étalait encore sur l'herbe et l'écho des cloches de l'Angélus s'éteignait au loin lorsqu'une calèche s'est arrêtée devant mon perron. Une dame très digne dans une longue robe noire en est descendue, a traversé mon hall d'entrée et a jeté autour d'elle un regard critique. Elle était accompagnée de trois petits garçons. Quelle bonne nouvelle ! J'allais avoir des enfants à moi. C'était le moment que j'attendais. Enfin, ma famille était arrivée et allait assumer la responsabilité de mon entretien. Au premier abord, j'étais inquiète, me demandant comment une femme seule avec trois enfants en bas âge pourrait gérer mes nombreuses pièces et mon grand jardin. J'ai été rassurée lorsque plusieurs autres voitures et chariots sont arrivés, chargés de marchandises et de membres du personnel de maison.

Il m'a fallu un certain temps pour connaître toute l'histoire en écoutant les conversations des voisins et des amis qui passaient. La femme était une jeune veuve. Son mari, qui avait fait fortune en Afrique, était tombé malade et était décédé deux ans auparavant. J'imaginais bien quel drame cela avait dû être pour cette famille. Le plus jeune des garçon avait à peine un mois à l'époque. J'ai compris que je devais mon existence à cette vaillante veuve qui a eu le courage d'engager un architecte, de prendre en charge ma construction et de m'élever avec ses jeunes enfants. Sans elle, je n'aurais certainement jamais existé. Pendant les nombreuses années que nous avons passées ensemble, je l'ai appelée Madame, ma bienfaitrice.

L'arrivée de ma famille était un événement important. Les enfants sautaient dans le hall, exploraient chaque pièce avec enthousiasme et couraient dans les escaliers. Dans le salon, ils admiraient mon canapé et mes chaises Louis XVI de couleur ivoire, mais ils n'étaient pas autorisés à y jouer. Il y a eu beaucoup d'agitation pendant le déchargement des bagages et l'installation du personnel.

Un gramophone, dans sa boîte en acajou poli, était posé sur une table de mon petit salon. Il avait un plateau sur lequel la famille plaçait des disques 78 tours. Pour produire de la musique, il fallait tourner une manivelle en métal, une aiguille suivait les sillons du disque et le son était amplifié par un élégant pavillon en forme de fleur fixé à la base du gramophone. Mes garçons adoraient tourner la manivelle. Mes chansons préférées étaient *l'Hirondelle du faubourg* et *Sur les ponts de Paris*.

Les cloches de notre église rythmaient notre journée. Matines pendant la nuit, Laudes et Prime le matin, Sexte à midi, None l'après-midi, Vêpres et Complies le soir. Même par temps nuageux et pendant la nuit, je savais quelle heure il était. Nos journées se déroulaient sur cette riche tapisserie sonore et auraient été bien prosaïques sans elle.

Jusqu'à présent, la limite de mon observation avait été

mon quartier, la gare, les toits et les tours de la ville. Maintenant que ma famille était installée dans mes chambres, une nouvelle dimension s'ouvrait à moi. Le grave handicap de ne pas savoir lire était heureusement comblé par mes trois jeunes enfants. Lorsque les deux aînés rentraient de l'école, ils avaient des devoirs à faire, composés de mathématiques, de sciences, de lecture, d'écriture et de musique. En les observant chaque jour pendant cette période de devoirs, j'ai rapidement progressé dans la lecture du français. Les mathématiques et les sciences étaient au-delà de mes capacités... et la communication aussi, malheureusement.

Plusieurs journaux étaient livrés à la maison chaque semaine, ainsi qu'un magazine appelé L'Illustration, imprimé à Paris. J'ai fini par comprendre que Paris était un grand groupe de bâtiments dans un pays voisin appelé France. Dans ce magazine, j'ai découvert beaucoup de choses que je ne connaissais pas. Il y avait des photos des membres de la Royauté et de dirigeants du monde entier, des immeubles parisiens dont les façades ressemblaient aux miennes, et une abondance de tours, d'arches, de ponts et de statues. Les publicités montraient des gadgets astucieux pour aiguiser les lames de rasoir, des bas de soie, du henné pour colorer les cheveux et des remèdes miraculeux pour toutes sortes de maux.

Bien sûr, je devais compter sur ma famille pour tourner les pages ! Quand Madame faisait sa sieste l'après-midi, les domestiques feuilletaient les magazines au lieu d'effectuer leur travail ; je leur étais reconnaissante pour cela. La plus jeune servante, ma préférée, était souvent grondée pour avoir laissé traîner des journaux.

Je savais que nous étions en 1912, car un nouveau calendrier, l'*Almanach des Postes et des Télégraphes*, avait été accroché au mur de ma cuisine. On y voyait la photo de deux femmes sur la Côte d'Azur, dans de jolies robes bouffantes et des chapeaux à larges bords, buvant du Coca-Cola. Cette année, pour la première fois, les écoliers avaient obtenu une semaine de vacances à Noël et mes garçons étaient ravis. Ils ont expliqué à leur mère que les enseignants avaient besoin de repos.

Jules Bersier, le postillon de la diligence postale, se rendait en ville et s'est arrêté pour déposer un colis. Comme à chaque fois qu'il était invité à entrer, il enlevait son chapeau derby décoré d'une trompette et d'une croix fédérale. Il avait quitté la ville à cinq heures ce matin-là pour faire sa tournée des villes voisines. Une fois, ses chevaux se sont enlisés dans la boue dans la zone marécageuse autour d'Avenches. Malgré les longues distances parcourues sur des routes défoncées, à travers les congères en hiver et la poussière en été, M. Bersier n'a jamais failli à sa tâche. Madame disait que nous avions de la chance d'avoir des fonctionnaires aussi dévoués.

Le Journal d'Estavayer, imprimé par l'Imprimerie Butty, était le journal de notre ville. Madame l'étalait toujours sur la table de la salle à manger pour le lire, ce qui nous offrait une bonne visibilité à toutes les deux. Avec la lumière de la grande baie vitrée, je pouvais même lire les plus petits caractères.

Quand Madame avait terminé sa lecture, le journal

faisait le tour de la maison et était déposé sur la table de la cuisine. Cette année-là, il était question de l'installation des lignes téléphoniques dans le quartier. Des réunions avaient été organisées dans les villages environnants, car les lignes entre la plupart des villages étaient incluses dans le réseau de notre ville.

La baie vitrée de ma salle à manger
Peinture de Marie-France Corminboeuf

Nous recevions également le journal La Liberté, imprimé à Fribourg, qui couvrait des événements plus larges, par exemple une motion invitant le Conseil fédéral à examiner la question de la création d'une Assurance fédérale en cas de vieillesse et d'invalidité (AVS).

Comme chaque année, la foire aux bestiaux avait lieu devant le château. C'était un événement important, et mes garçons ne voulaient pas le manquer. Tout le monde dans la maison en parlait. Les acheteurs de bétail venaient de toute la région. Une fois les transactions terminées, les bovins étaient expédiés vers leurs nouvelles destinations par bateau ou par train. C'était passionnant pour moi de voir une centaine de têtes de bétail, de porcs et de moutons monter jusqu'à la gare. Treize wagons de train étaient nécessaires pour le transport du bétail. Je n'osais même pas imaginer le nettoyage qu'il faudrait faire sur mon avenue de la Gare une fois qu'ils seraient tous passés.

La catastrophe du Titanic

Le printemps 1912 nous a apporté des nouvelles tragiques qui firent la une des journaux en choquant tout le monde chez nous. Le 15 avril, le Titanic, le magnifique paquebot de la compagnie White Star, avait coulé dans l'océan Atlantique lors de son voyage inaugural. C'était un navire très moderne, considéré comme insubmersible. Près de 1 500 malheureux s'y sont noyés. Quelle tragédie !

Un habitant d'une ville voisine a été informé que son fils de 24 ans, garçon de café à bord, ne figurait pas sur la liste des survivants ; ma famille a été très triste d'apprendre cette nouvelle et pas moins de dix-sept passagers suisses ont été portés disparus.

La Liberté a publié en première page un article intitulé *La Catastrophe du Titanic,* dans lequel un passager suisse, Max Staehlin de Bâle, a raconté son effrayante histoire :

Dimanche soir, après dîner, nous restâmes à causer, le Colonel Simonius, Max Frœlicher et moi, jusqu'à 11h. Le temps était beau et le ciel étoilé. Le navire marchait à toute vapeur ; à bord, tout était tranquille. Nous nous séparâmes pour rejoindre nos cabines. J'étais en train de me déshabiller, lorsque le bruit d'un roulement sourd, qui dura une dizaine de secondes et qui se termina par une légère secousse de la masse du navire, attira mon attention. L'idée d'un malheur n'effleura même pas mon esprit ; cependant, aimant à me rendre compte de tout, je sortis dans le couloir et m'informai auprès d'un maitre-d 'hôtel de la cause du bruit que j'avais entendu. Il me déclara que ce n'était rien et je rentrai dans ma cabine. Cependant, je n'y restai pas et je montai sur le pont.

J'y retrouvai le Colonel Simonius et nous constatâmes ensemble que l'un des ponts inférieurs était recouvert d'une quantité de débris de glace, qui faisaient un tapis d'un ou deux pieds d'épaisseur. A ce moment, le paquebot laissa partir beaucoup de vapeur et peu à peu, le pont se couvrit de passagers attirés par le mugissement insolite que la vapeur faisait en s'échappant. Personne, cependant, ne paraissait alarmé ; les hommes d'équipage étaient aussi calmes qu'à l'ordinaire et ils déclaraient à qui les questionnait qu'il n'était rien arrivé de particulier. Ceux qui pouvaient être inquiets furent complètement rassurés quand ils entendirent l'orchestre du bord entamer un morceau. L'air était calme ; il n'y avait ni vent ni brouillard. Mais le froid était âpre.

Tout à coup le navire s'arrêta et Simonius et moi vîmes que l'équipage s'apprêtait à descendre les canots de sauvetage. Nous insistâmes pour savoir ce qui motivait cette mesure ; on nous répondit que c'était par pure précaution et qu'il n'y avait aucun danger. En dépit de ces déclarations, nous pûmes voir qu'on allait chercher les dames et qu'on les invitait à monter sur le pont et à se ranger près des canots. Cette fois, nous fûmes fixés et nous comprimes que le paquebot était en danger et qu'il fallait pourvoir à son salut.

Je me rendis dans ma cabine et j'y pris tout ce que j'avais de précieux. De retour sur le pont, nous vîmes que beaucoup de femmes étaient déjà dans les canots. Mais il n'y avait aucune panique et plusieurs dames ne voulurent pas quitter leurs maris. Simonius et moi nous avisâmes alors un des canots où il y avait le moins de monde ; le Titanic était absolument immobile ; la musique jouait dans la salle à manger ; l'équipage observait une discipline parfaite, mais il trahissait une certaine fébrilité. Il n'y avait aucun empressement à occuper les canots et certainement aucun des passagers ne soupçonnait que le Titanic était en train de sombrer. Le capitaine Smith pourtant, était nerveux. A un moment donné, nous eûmes la sensation que le navire s'inclinait de l'avant ; la lumière électrique fonctionnait encore dans tout le bâtiment. Ce n'est que lorsque les canots allaient être mis à la mer que l'ordre commença à être troublé.

Des gens couraient sur le pont, cherchant une place dans les embarcations, avec leurs ceintures de sauvetage autour des reins. L'ordre fut donné à tous les passagers de mettre leurs ceintures. Tout à coup, les chauffeurs et les machinistes apparurent aux écoutilles ; plusieurs d'entre eux se *précipitèrent â l'assaut des canots ; mais l'équipage les tint à distance. Les canots furent descendus et nous touchâmes l'eau. Les hommes du Titanic nous poussèrent au large avec des gaffes ; dans chaque embarcation, les quelques hommes présents prirent les rames. Il y avait 16 ou 18 canots, contenant chacun 50 à 60 personnes. Quand nous fûmes à une certaine distance du Titanic, nous vîmes qu'on faisait partir des fusées d'alarme et que le pont se couvrait d'une foule de plus en plus agitée. Nous naviguâmes pendant trois ou quatre heures au milieu d'un froid glacial jusqu'à ce que le Carpathia nous recueille.*

Quant à la cause de la catastrophe, a dit M. Staehlin, je ne m'en rendis pas compte tout d'abord, mais maintenant je me souviens que la température s'était abaissée tout à coup d'une façon anormale et qu'une masse blanche était apparue aux hublots du navire. C'était un iceberg et nous étions allés nous jeter sur lui à toute vitesse.

Selon le récit d'un autre survivant, il ressort avec évidence que personne à bord ne crut à un sinistre imminent.

Le capitaine fit mettre les chaloupes à la mer, mais personne ne voulait descendre dans les embarcations. On croyait fermement qu'il n'y avait aucun risque en restant à bord. Certains canots partaient avec fort peu de voyageurs, faute d'amateurs. Le bateau géant commença à piquer de l'avant. Ceux qui n'avaient pas voulu partir comprirent alors toute l'horreur de la situation. Une immense clameur s'éleva de toutes les poitrines, en un appel suprême. Le Titanic s'enfonça peu à peu. Pendant trois heures, les cris d'angoisse des malheureux passagers redoublèrent. L'arrière du Titanic se redressa complètement, puis ce fut la disparition définitive.

Un nouveau printemps

Après la triste nouvelle du naufrage, nous avions tous besoin de quelque chose pour nous remonter le moral. Heureusement, le printemps était là. Dans mon jardin, les crocus et les boutons d'or ont annoncé la nouvelle saison. Je me sentais bien installée dans le quartier et j'ai commencé à faire la connaissance de mes voisins. L'un d'eux était la famille Pillonel qui possédait un moulin. Il était situé de l'autre côté de la route de la Gare, côté nord-est, et je pouvais très bien le voir. J'en étais séparée par une prairie verdoyante qui accueillait un troupeau de vaches noires et blanches.

Une roue à eau actionne le moulin, m'a expliqué M. Pillonel lors de sa visite ; elle a fonctionné pendant tout le Moyen Âge, dès 1343. Les meuniers et usiniers ont obtenu l'autorisation de l'aristocratie locale en 1580 pour dévier le cours du ruisseau du Bainoz. Lorsque cet ambitieux projet a été réalisé, une quantité d'eau suffisante est arrivée dans notre ville pour faire fonctionner le moulin. Il y a treize ans, le moulin a changé de mains. Hippolyte Pillonel de Seiry l'a acheté, ainsi que deux paires de meules. Il s'appelle maintenant le Moulin Pillonel, et notre voisin en est fier à juste titre.

Notre voisin était encore avec nous lorsque le cocher de la diligence postale est passé. Il faisait le trajet depuis Cheyres. Il nous a parlé d'un chamois qui avait élu domicile dans les bois au-dessus de Cheyres et qu'il l'avait vu en franchissant le col. D'après lui, c'était une vision inédite à cet endroit. Je ne possédais aucune information sur les chamois ; certaines informations prennent beaucoup de temps à me parvenir. J'ai supposé que ce fût un animal sauvage et qu'il était peu probable de le voir sur l'avenue de la Gare.

Un an s'est écoulé depuis que ma famille a emménagé dans mes chambres. *L'Almanach des Postes et des Télégraphes* de 1913 était désormais accroché au mur de ma cuisine et répertoriait toutes les fêtes catholiques. Le marché du mercredi, les foires, les concerts, les pièces de théâtre au casino, les lotos et les anniversaires des membres de la famille y étaient inscrits. En tant que nouvelle venue en ville, j'avais beaucoup à apprendre sur les coutumes locales, dont certaines étaient observées depuis le Moyen Âge. De mystérieuses notations sur le calendrier faisaient référence aux Bastians, au Surrexit, à la Fête-Dieu, à la Bénédiction des bateaux, à la Bénichon, au Recrotzon et aux Catherinettes. J'avais hâte de découvrir ces traditions locales.

Mon premier Surrexit

La première tradition que j'ai découverte était le Surrexit. À minuit, le samedi de Pâques en 1913, alors que notre ville est plongée dans un profond sommeil, le douzième coup de minuit sonne. Une cinquantaine d'hommes allument leurs torches. Pâques était précoce cette année-là et le vent qui passait sur le Jura enneigé était glacial. Rien, cependant, ne pouvait empêcher la population locale de respecter l'ancienne tradition du Surrexit. Notre ville était l'une des rares villes médiévales à observer encore ce rite mystérieux déjà célébré en 1637, d'après les archives.

Ensuite, la procession des hommes de la paroisse (les femmes ne peuvent pas y participer) s'ébranle, accompagnée de musiciens chantant d'une voix puissante pour annoncer la résurrection du Christ. Dans son tour de ville, la procession s'arrête d'abord à la chapelle du couvent des Dominicaines où le Regina Coeli est chanté en compagnie des moniales, puis au cimetière où elle s'arrête sur la tombe du dernier citoyen à avoir été enterré. Après un dernier arrêt à l'Institut du Sacré-Cœur, les participants se retrouvent dans un restaurant pour une agape tardive. Mes garçons participeront à ce rituel quand ils seront plus grands.

Collision des voitures automobiles !

Les automobiles étaient rares à cette époque ; du moins, je n'en avais pas vu beaucoup passer sur l'avenue de la Gare. Mais apparemment, il y en avait déjà suffisamment pour causer une collision ! Pour la première fois, des photographies étaient publiées dans le Journal d'Estavayer et montraient des images de deux automobiles qui s'étaient percutées au Col de Cheyres. J'ai trouvé amusant qu'il faille faire appel à des chevaux pour les séparer et les remorquer.

Le Journal exhortait les parents à mettre en garde leurs enfants contre les dangers des véhicules à moteur. Sur l'avenue de la Gare, j'ai aussi vu avec horreur deux garçons téméraires s'accrocher à l'arrière d'un camion de la société Hinderer. Lorsque le camion a accéléré, ils ont dû sauter pour éviter d'aller jusqu'à Yverdon.

Le garçon Andrey s'en est tiré indemne, mais le garçon Dumoulin a subi une commotion cérébrale. Mes garçons ont été invités par leur mère à faire attention aux automobiles, car n'importe qui pouvait en conduire une, qu'il soit qualifié ou non.

Mes garçons étaient fascinés par les automobiles et, à cette époque, il n'y en avait pas deux pareilles. Ils découpaient des images de voitures et empilaient des revues contenant des articles et photos des différentes marques.

Cela m'a permis d'être bien informée sur le sujet ! Des firmes comme Piccard-Pictet, Martini, Saurer, Dufaux, Berna et d'autres dans l'industrie automobile suisse fabriquaient des modèles remarquables. À une époque où tous les constructeurs automobiles européens produisaient des véhicules qui démarraient en tournant une manivelle, Ajax, à Zurich, a dévoilé une innovation étonnante : il suffisait de marcher sur le marchepied pour faire démarrer le moteur ! Malheureusement, les marchepieds ont disparu avec le temps et ce démarreur ingénieux avec eux.

La fabrique Automobiles Martini SA, fondée en 1904 à Saint-Blaise au nord du lac de Neuchâtel, était la plus proche de nous. Les fils de Friedrich von Martini ont construit non seulement une usine, mais aussi des maisons avec jardin pour leurs 450 ouvriers, connues sous le nom de Martini Cité. La firme avait choisi Neuchâtel pour des raisons de langue et de culture. En effet, la plupart des ingénieurs étaient français. L'entreprise ne fabriquait pas seulement pour le marché suisse mais exportait des voitures en France, en Angleterre, en Russie, en Amérique du Nord et du Sud, en Nouvelle-Zélande et en Égypte. Deux mille véhicules sont sortis de leur chaîne de montage, la plus grande production d'un constructeur automobile suisse. Je ne le savais pas en ce temps-là, mais la famille von Martini était destinée à croiser à nouveau mon chemin près de cent ans plus tard.

Naturellement, étant situé directement sur l'avenue de la Gare, l'axe Yverdon-Berne, j'ai fini par m'intéresser à ce nouveau moyen de déplacement. En 1913, l'industrie prospérait. On comptait quelque 5200 automobiles en circulation en Suisse, dont 1629 de fabrication suisse. La société genevoise Piccard-Pictet produisait la Pic-Pic destinée à devenir célèbre dans les courses automobiles. Elle atteignait une vitesse de 180 km/heure lors du Grand Prix de 1914 à Lyon ! De tous les modèles suisses ayant participé à des courses automobiles au début des années 1900, c'est celui des frères Dufaux qui détient le record du monde.

L'actualité de l'industrie automobile était éclipsée cette année-là par l'arrivée du premier train électrique. La photo de la puissante locomotive de 2500 chevaux qui avait remplacé le train à vapeur sur la ligne Berne-Lötschberg-Simplon faisait la une de tous les journaux. Notre pays était très en avance sur les autres pays européens en matière de trains électrifiés et notre ville était impatiente d'avoir son propre convoi.

Une fois, un bateau en cours de transport entre Cheyres et Estavayer a pris feu à cause des étincelles émanant d'une locomotive. Il n'y aurait plus d'accidents de ce genre avec la ligne électrifiée.

En revanche, l'essor des automobiles électriques a été retardé la même année par l'entrepreneur américain Henry Ford. Le magazine L'Illustration présentait une photo de sa chaîne de production en masse d'automobiles, réduisant le temps de montage de 12 heures à 2 heures et 30 minutes. Les voitures à essence allaient désormais devenir bon marché et accessibles à presque tout le monde. En réfléchissant au nuage de fumée laissé par les quelques automobiles qui passaient à l'avenue de la Gare, je me suis interrogée sur les conséquences de la prolifération des voitures à essence. J'ai remarqué les salissures laissées par leur échappement sur ma façade immaculée. Il faudra pourtant attendre une centaine d'années avant que les constructeurs se tournent de nouveau vers les voitures électriques, les voitures à essence ayant créé un niveau de pollution intolérable.

Il fallut aussi attendre 1988 pour voir une voiture solaire. Cette année-là, le Tour de Sol, la première course au monde de véhicules solaires, a passé dans notre ville. C'était de bien curieux véhicules. Fondé en 1985 par la Société suisse pour l'énergie solaire (SSES), ce rallye a sillonné le pays pour la promotion de l'énergie solaire photovoltaïque. La plupart des véhicules étaient des prototypes. Le passage de la caravane se terminait sur la place du Port où nos navigateurs préparèrent la première course en bateau solaire de l'histoire. Notre pays fut parmi les premiers à disposer de l'électricité et il semble que nous allions continuer notre élan avec la technologie de l'énergie photovoltaïque.

Notre marché annuel

Bien que la plupart des articles de journaux portent sur les voitures et les trains, on y trouvait également des commentaires troublants écrits par des personnes qui entendaient le grondement lointain de la guerre. Après des décennies de paix, nos voisins européens allaient sûrement maintenir des relations harmonieuses... n'est-ce pas ?

Ma famille était bien plus intéressée par notre marché annuel qui se tenait à quelques jours de là. Il avait lieu les 6 et 13 août. C'était un marché élaboré qui couvrait toutes les rues du centre-ville avec des stands et des baraques vendant des vaches, des chevaux, des moutons, des chèvres, des ânes, des mules, des cochons et des poules, ainsi que des tissus, de la soie, des meubles en tapisserie, des jouets, des vêtements, des parfums et des remèdes miracles.

Une variété d'artistes, de phénomènes de foire, de musiciens, de pickpockets et de petits criminels se mêlaient à la population locale. Les marchands venaient d'aussi loin que la France, l'Allemagne et l'Italie. Nos rues pavées résonnaient de rires, de musiques et de danses. L'arôme des porcs entiers tournant à la broche emplissait le centre-ville et rivalisait avec les odeurs de fumier du bétail et de sueur des danseurs.

Nos domestiques sont allés au marché pour acheter des provisions. Ils ont rapporté un nouvel horaire d'un bateau à vapeur et d'étranges nouvelles. D'habitude, un bateau à vapeur circulait entre Neuchâtel et Estavayer pour permettre aux marchands neuchâtelois de venir dans notre ville et au bétail d'être transporté. Mais cette année, la foire aux bestiaux se déroulait pour la première fois sans vaches à cause de la fièvre aphteuse, une maladie très contagieuse.

Nos autorités craignaient que les mesures sanitaires prises par le canton voisin ne soient pas suffisamment strictes. Les entreprises locales ont été les premières à ressentir les effets de cette maladie désastreuse et ont perdu une clientèle considérable à cause d'elle.

Un coup de Joran

Mes garçons ne sont pas allés à la foire ce jour-là ; le soleil était à peine levé qu'ils étaient assis devant leurs bols de porridge à la table du petit-déjeuner. Le lait avait déjà été livré, apporté à la cuisine et écrémé afin de faire du beurre. C'était un jour spécial pour les garçons : ils ont avalé leur petit-déjeuner rapidement et se sont empressés de rejoindre un groupe d'enfants descendant l'avenue de la Gare.

Le point de départ de cette promenade était l'Institut Stavia. Les enfants passaient devant mon portail à pied en se rendant à Font le long du lac. J'étais inquiète. Enfoncée profondément dans le sol comme je le suis, je suis sensible au plus imperceptible des changements atmosphériques !

C'est qu'il y a un vent traître sur le lac de Neuchâtel nommé le Joran. Il produit un phénomène appelé *un coup de Joran*, qui, par une belle journée calme d'été, dévale soudainement les pentes du Jura avec l'intensité d'une avalanche. Ma façade avait déjà atteint une température qui annonçait un coup de Joran pour ce jour-là.

Je fus soulagée de voir deux moniteurs suivre le dernier des garçons qui passaient. J'espérais seulement qu'ils étaient suffisamment conscients de cette anomalie et qu'ils amèneraient les garçons à l'abri à temps.

Le coup de Joran a frappé avec son intensité habituelle à faire plier les arbres. À la fin de la journée, tandis que notre jardinier ramassait les branches éparpillées et les meubles de jardin, j'ai guetté avec anxiété le retour des garçons. Avec leur mère, j'ai été contente de les voir revenir ! Ils sont passés devant mon portail, mouillés et fatigués mais indemnes et de bonne humeur. Ils ont raconté comment l'un d'entre eux était tombé dans le lac et qu'il avait dû être sorti à l'aide d'une longue perche.

Pour ne plus penser au Joran cet après-midi-là, j'ai regardé par-dessus l'épaule du cuisinier qui avait étalé le journal sur le comptoir. J'ai vu que le Kaiser Guillaume II d'Allemagne viendrait en Suisse le 3 septembre. Il arriverait à Bâle avec son train impérial et continuerait jusqu'à Zurich pour rencontrer notre Conseil fédéral. La presse avait publié des mises en garde contre l'attitude hostile de nos pays voisins ; je me suis demandé pourquoi cette réunion avait lieu chez nous en Suisse. J'aurais aimé en savoir plus, mais le cuisinier a jeté le journal dans un tiroir et s'est dépêché de préparer le dîner pour les garçons qui revenaient de leur aventure.

C'était dommage car le journal contenait beaucoup de nouveautés, comme des films muets accompagnés d'un pianiste au Casino-Théâtre, un divertissement très apprécié des familles. Aussi, les heures d'ouverture du standard téléphonique ont été prolongées de sept heures du matin à neuf heures du soir sans interruption. Désormais, les gens consacraient beaucoup plus de temps aux conversations téléphoniques.

Ma famille ne faisait pas exception. Comme je ne pouvais entendre qu'une partie de leurs conversations téléphoniques, je me suis vite désintéressée et suis retournée à ma surveillance de la gare, où j'ai été témoin d'un terrible accident.

Samuel Schwaab, un habitant du quartier, s'apprêtait à traverser la voie ferrée près du Moulin Pillonel. Il se protégeait sous son parapluie à cause de la pluie. J'ai vu un train arriver sur la voie, mais pas lui ! C'était rageant de ne pas pouvoir le prévenir. Comme Monsieur Schwaab était sourd, il n'a pas entendu le sifflet du train. Le crissement des freins a résonné dans tout le quartier, alors que le conducteur essayait désespérément d'arrêter la locomotive à temps. Malheureusement trop tard. Ce fut un jour tragique pour la gare, pour le conducteur du train... et surtout pour Monsieur Schwaab.

Les signes annonciateurs de l'hiver commençaient à se manifester et la plupart des feuilles de mes arbres étaient déjà tombées. La température de mon soubassement laissait présager l'arrivée prochaine d'une vague de froid. La récolte de betteraves à sucre était déjà parvenue à la gare et envoyée à l'usine d'Aarberg. Une partie de la récolte se trouvait maintenant sur des cuillères oblongues en argent placées sur le dessus des verres dans les bistrots locaux : l'absinthe était versée à travers le sucre, formant un mélange parfait au fond du verre, très apprécié des connaisseurs.

J'ai suivi de près le cèdre planté en mon honneur devant la fenêtre de ma salle à manger. Il avait grandi de deux mètres et atteignait déjà le balcon au-dessus. Un écureuil avait élu domicile dans l'arbre et était occupé à ramasser des noisettes pour l'hiver. Lorsqu'il a sauté sur mon balcon, je pouvais sentir la prise de ses petites griffes acérées alors qu'il marchait le long de la balustrade. Sa fourrure était d'une jolie couleur rousse et sa queue touffue était presque aussi grande que le reste de son corps.

Je me sentirai moi aussi prête pour l'hiver quand mon

approvisionnement en charbon arrivera d'Allemagne et que la réserve dans mon sous-sol sera remplie. Mais quelque chose me semble anormal.

Où se trouve donc mon charbon ?

C'est la guerre !

Il n'avait pas encore commencé à neiger mais comme c'était souvent le cas dans notre région à cette époque, une dense couverture de brouillard enveloppait les arbres et les maisons dans une épaisse couche de ouate. Seules les pointes des arbres et le sommet des tours de ma ville étaient visibles. Le paysage paraissait mystérieux et fantomatique ! Ce jour-là, pareil à un rideau de scène qui s'ouvre, les nuages se sont écartés et le soleil a dévoilé un spectacle féerique à couper le souffle. Un contour de givre soulignait les branches de chaque arbre jusqu'à la plus petite brindille, les contours en fer forgé de mon portail et même la toile d'araignée entre les barreaux. Un merle solitaire dans le parc de l'Hôtel Bellevue, en face de moi, gazouillait avec ferveur pour attirer mon attention sur ce panorama enchanteur au cas où je ne l'aurais pas remarqué.

C'était déjà le troisième hiver depuis que mes fondations avaient été posées, et je commençais à voir un schéma dans les événements qui m'entouraient. Au début de l'année, ma famille a célébré le Nouvel An avec du champagne, suivi par l'Épiphanie et le Carnaval, une fête animée et bruyante. Lorsque les arbres commencent à bourgeonner et que les boutons d'or apparaissent dans mon jardin, c'est le Vendredi-Saint, la procession du Sur-rexit et Pâques. À l'éclosion des fleurs de mon magnolia et de mes cerisiers, les fêtes de l'Ascension, de la Pentecôte et de la Fête-Dieu arrivent. À ce moment-là, mon jardin est couvert de fleurs et les arbres peuplés de moineaux, de rouges-gorges, de mésanges et de merles.

Quand ma façade reste chaude toute la nuit, c'est l'été, avec la Fête nationale et la Bénédiction des Bateaux. Le 15 août, jour de l'Assomption, ma famille va à la messe à l'église ; cette fête est suivie de la Bénichon et du Recrot-zon. Après ces fêtes, les nuits deviennent plus fraîches, et les wagons de betteraves et de tabac tirés par des chevaux arrivent à la gare. La Toussaint arrive quand les feuilles des arbres changent de couleur et que les hirondelles se rassemblent sur les balustrades de mes balcons. Nous fê-tons la Saint-Nicolas lorsque la neige tombe sur mon toit, puis Noël célèbre la naissance du Christ. À cette époque de l'année, ma famille met des décorations sur ma façade et à mes fenêtres. Je suppose que c'est pour me remercier de les avoir protégées toute l'année de la pluie, du vent et du froid. Après cela, le cycle se répète.

Grâce aux journaux, aux revues et à la radio, j'étais bien informée, même des événements qui se déroulaient en dehors du pays. Par exemple, j'étais au courant de l'ac-cident catastrophique du Zeppelin de la marine impériale allemande qui, après avoir décollé de l'aérodrome de Jo-hannisthal, près de Berlin, a explosé à une hauteur de 500 mètres. Six passagers sont tombés par l'avant de la gon-dole. Selon des témoins oculaires, l'enveloppe du dirige-able a été complètement carbonisée avant de s'écraser sur terre, tuant ses 28 passagers, y compris l'inspecteur chargé de certifier la sécurité du dirigeable. Nos journaux ont également publié des articles inquiétants décrivant les querelles entre les cinq pays qui nous entourent, mais nous n'y avons guère prêté attention ! Profitant des journées ensoleillées de la fin du printemps, nous savourions notre existence paisible à l'avenue de la Gare, ignorant totalement les dangers imminents qui se profilaient à notre horizon.

La famille venait de rentrer de la messe lorsqu'une voisine a sonné à la porte. Elle est arrivée tout essoufflée.

« Avez-vous entendu? L'archiduc Ferdinand d'Autriche et sa femme ont été abattus. »

Ma famille était choquée. Ils craignaient que ces assassinats entraînent des conséquences terribles, et ils avaient raison. L'Autriche a déclaré la guerre à la Serbie, l'Allemagne à la Russie et à la France, la Grande-Bretagne à l'Allemagne. La plupart de ces pays avaient des colonies dans d'autres parties du monde qui étaient également obligées de se joindre au conflit. Soudain, sans avertissement, le monde entier a été plongé dans un abîme de mort et de destruction.

L'impact de la guerre est apparu immédiatement dans notre vie quotidienne. Sur le mur de ma cuisine, *l'Almanach des Postes et des Télégraphes* pour 1914 montre le 8ème régiment de Zouaves algériens, une unité d'infanterie de l'armée française, en manœuvre. Dans La Liberté, il y avait la publicité d'un fabricant de selles adressée aux officiers et aux soldats :

En cas de mobilisation, nous pouvons fournir et réparer à bref délai des selles, des brides et des pièces détachées pour les chars.

Les nouvelles sur notre radio nous ont informés que la cavalerie avait été mobilisée à Bâle afin d'empêcher l'invasion et la rupture des approvisionnements traversant nos frontières. La peur de la famine était au premier plan dans l'esprit du Gouvernement et du peuple suisse, car la plupart de nos aliments étaient importés de pays voisins en guerre. Le pays ne disposait de réserves alimentaires que pour six mois. La Confédération achetait des céréales à l'Allemagne, qui passaient par Bâle et Schaffhouse. Les commandes en provenance d'Amérique étaient déchargées à Bordeaux et transportées à Genève. Grâce aux bons offices du Gouvernement français, la plupart des céréales sont arrivées en Suisse ; cependant, les approvisionnements en provenance d'Italie se sont réduits à quelques wagons de blé et de maïs.

Nos hommes partent pour la frontière

Il était cinq heures du matin et il faisait encore nuit lorsque les hommes recrutés dans notre ville entraient dans l'église pour une messe spéciale. Ils ont pris la communion avec leur fusil au côté et le prêtre leur a recommandé de penser d'abord à Dieu, puis à leur pays et à leur famille. À sept heures précises, les soldats nouvellement déployés ont passé devant mon portail pour se rendre à la gare. Une foule de familles et d'amis suivait le cortège ; beaucoup de femmes étaient en larmes et des enfants effrayés s'accrochaient à leurs jupes. Personne ne savait ce qui attendait les hommes lorsqu'ils atteindraient la frontière. Atterrée, je regardais ces adieux mêlés de chants patriotiques, ***Vive l'Armée ! Vive la Suisse !***

Le train est parti dans un nuage de fumée, les soldats agitant leurs mouchoirs et leurs képis. Une foule silencieuse est passée devant ma porte sur le chemin du retour vers la ville. Mais pas de temps à perdre en chagrin ! Dès le lendemain, les recrues militaires de l'école d'artillerie de Bière arriveraient en ville, un nombre impressionnant de 320 soldats d'artillerie et 290 chevaux qu'il fallait nourrir et loger.

Dans ma boîte aux lettres, un communiqué est arrivé pour Madame. Elle l'a posé sur la table de la salle à manger pour que nous puissions le lire toutes les deux. La Société Nationale des Femmes Suisses recommandait à la population féminine d'être courageuse et d'assumer les devoirs et les responsabilités des hommes qui étaient mobilisés. Leur tâche consistait à économiser la nourriture et les combustibles, à empêcher que ces denrées précieuses ne s'épuisent trop vite, et à assumer la gestion des fermes et des entreprises. Les femmes ayant des compétences de bureau étaient priées de se présenter à un bureau central mis en place pour attribuer les tâches administratives. Des organisations féminines étaient chargées de traiter les demandes d'emploi.

«Peu importe l'horreur et la durée de la guerre,» ont dit les autorités, «on peut en tirer une leçon de solidarité et d'entraide.»

Le soleil était encore haut au-dessus du Jura lorsque, au

son des tambours et des clairons, un contingent massif de soldats hérissés d'une forêt de fusils a défilé sur l'avenue de la Gare. Les spectateurs en avaient les larmes aux yeux. La population a apporté du vin et du pain pour les soldats fatigués par leur longue marche. Trois mille soldats d'infanterie ont défilé dans la ville et y ont passé la nuit. On s'est empressé de trouver des granges, des hangars et des salles d'école pour les loger. J'ai pu fournir de l'espace à plusieurs d'entre eux et j'étais heureuse de pouvoir faire mon devoir patriotique. Les soldats sont repartis à 6 heures du matin, laissant derrière eux l'impression rassurante que notre milice était une armée dévouée et disciplinée, capable de nous défendre contre les armées professionnelles de nos pays voisins. Les habitants de la ville avaient préparé un souper pour les soldats fatigués et leur avaient donné leurs lits. J'espérais que la troupe recevrait le même accueil tout au long de son chemin vers la frontière.

L'avenue de la Gare avait à peine retrouvé son état normal que mes garçons sont arrivés en courant dans le hall en criant et en gesticulant. Une compagnie de quarante hommes, commandée par le lieutenant Dubath du Corps des transmissions de l'armée, était en train d'installer une ligne télégraphique entre Payerne et Estavayer pour relier le dernier tronçon avec Fribourg. Tous les habitants de la ville étaient fascinés par cette entreprise.

« Ils grimpent sur les poteaux comme des singes, » disaient mes enfants excités. Le Corps est reparti pour Fribourg le lendemain matin, satisfait de son travail et de son accueil dans nos murs.

Les communiqués de nos autorités apparaissaient régulièrement dans ma boîte aux lettres. Nous étions informés que les stocks de nourriture étaient suffisants pour le moment, mais que les plantations avaient pris beaucoup de retard en raison du manque de chevaux. Le Gouvernement nous avertissait que 1915 serait une année difficile et que la guerre pourrait durer encore deux ans. Le pays ne pouvait pas produire assez de céréales pour les soldats à la frontière, les chevaux de l'artillerie et la population. L'importation devenait de plus en plus difficile ; on conseillait aux agriculteurs d'utiliser des semoirs mécaniques pour réduire le gaspillage des graines. Nos autorités s'efforçaient d'obtenir des semences et des chevaux pour les travaux d'automne. L'armée enquêtait sur les plaintes des agriculteurs selon lesquelles les manœuvres endommageaient leurs champs récemment ensemencés.

Nos entrepôts officiels pour le stockage des céréales près de Mannheim, en Allemagne, se trouvaient maintenant dans une zone de combat et n'étaient plus accessibles. Par conséquent, le Gouvernement a décidé de libérer provisoirement certains de nos soldats afin de faire la récolte d'automne. Le travail était assigné par l'autorité militaire du canton et comprenait non seulement la récolte, mais aussi la garde ainsi que la réparation des fortifications et des routes. Les soldats démobilisés avaient le même statut que les soldats actifs.

La neutralité suisse

La Belgique, pays neutre, a été envahie par l'Allemagne; elle a été le théâtre de trois batailles armées semant la peur et la mort parmi la population. Des villages ont été brûlés et des villes bombardées. J'avais appris beaucoup de choses sur la Belgique dans le magazine L'Illustration, qui avait un large lectorat dans les pays francophones. Les événements en Belgique avaient une signification particulière pour nous les Suisses. Comme nous, la Belgique et le Luxembourg étaient des États neutres en vertu d'une convention de neutralité perpétuelle accordée par le Traité de Paris en 1814 et ratifiée par le Congrès de Vienne en 1815. Cela signifie que les pays auxquels on accorde la neutralité ne participent pas aux guerres et que leur territoire n'est pas utilisé par ceux qui y participent. L'invasion allemande d'un pays pacifique tel que la Belgique était un acte odieux en violation flagrante du droit international. Notre neutralité serait-elle bientôt violée elle aussi ?

Pour rassurer le peuple suisse, le Conseil fédéral, dans une émission spéciale par radio, a déclaré que notre neutralité serait maintenue à tout prix. Une voix rauque a diffusé le message suivant :

« Tous les hommes Suisses valides sont en marche pour défendre nos frontières et donner leur vie, si nécessaire. La première phase de la mobilisation de l'armée suisse, 100'000 hommes âgés de 17 à 50 ans, est presque terminée. Nos soldats sont stationnés le long de toutes les frontières susceptibles d'être menacées, avec des concentrations particulièrement denses du côté allemand et du côté français. »

Le Conseil fédéral nous a rappelé que le contrôle des principaux cols de montagne entre l'Allemagne, la France, l'Italie et l'Autriche renforçaient notre position défensive. En outre, une armée de l'air suisse avait été créée pour notre protection.

Les groupes antimilitaires et pacifistes qui avaient critiqué notre mobilisation étaient étrangement silencieux depuis l'invasion de la Belgique. Heureusement, le Conseil fédéral avait refusé de se laisser influencer et poursuivit son programme de neutralité armée. La Confédération fournissait un effort particulier pour maintenir l'unité du pays. Compte tenu de sa diversité, avec quatre langues et deux religions, il y avait beaucoup de pression de l'extérieur pour nous déchirer et susciter la sympathie pour les nations belligérantes qui nous entouraient. Certaines factions en Allemagne considéraient notre secteur suisse allemand comme une partie de l'Allemagne qui devait être rapatriée. La mobilisation avait déjà coûté 60 millions de francs et coûterait probablement 100 millions à la fin de l'année. Pour faire face aux coûts, un impôt de guerre a été imposé à la population.

Une initiative d'enfants est passée d'une ville à l'autre, à commencer par ceux de Fribourg qui ont fait une collecte pour les enfants de Belgique. Dans notre ville, les bambins de l'école maternelle ont récolté 18 francs et les ont apportés au bureau du Journal d'Estavayer ; celui-ci a publié un article intitulé *Bravo les enfants* félicitant nos enfants attentionnés. Une publicité de Kümmerly dans la même édition proposait une carte du théâtre de la guerre franco-allemande avec le détail des zones de guerre, des forts, des camps, etc. Elle avait été éditée à l'intention des personnes ayant des maris et des fils sur le front, qu'ils soient binationaux ou volontaires. Les personnes intéressées pouvaient l'acheter à la Libraire Butty pour 60 centimes. Sur la dernière page de notre journal, le médecin militaire, dont la tâche était de maintenir l'armée en bonne santé, signalait huit cas de typhoïde, diverses maladies et sept décès dus à des blessures par balle.

C'est avec horreur que j'ai vu dans le magazine L'Illustration les photos de la cathédrale de Reims bombardée. Le toit était brûlé, les vitraux brisés, la tour nord démolie par un obus de mortier, le portail et la statuaire réduits à l'état de gravats. Étant un bâtiment moi-même, naturellement, cela m'attristait quand des édifices uniques et magnifiques, sans valeur stratégique, étaient détruits.

Les nouvelles du front nous étaient régulièrement transmises par la radio et les journaux. La première bataille d'Ypres en Belgique a coûté la vie à 250'000 personnes, du côté des alliés et du côté des Allemands.

Alors que la désastreuse année 1914 touchait à sa fin, l'air vif de l'automne a fait baisser la température de ma façade et les érables autour de mon portail ont pris leurs magnifiques couleurs d'automne. Une bande d'hirondelles se rassemblait sur les fils télégraphiques nouvellement tendus sur l'avenue de la Gare. Lorsqu'une automobile passait ou qu'un chien aboyait, effrayées elles s'envolaient comme un nuage. Lorsque la fête de la Toussaint est arrivée, la population a déposé des fleurs sur les tombes du cimetière, comme le voulait la coutume. Mais cette année-là un indéfinissable pressentiment planait sinistrement sur ce rituel.

Le dernier article de l'année du *Journal d'Estavayer*

intitulé Bonne Année exprimait notre sentiment à la fin de cette année catastrophique.

Aucun souhait ne pouvait être plus dénué de sens, plus stupide ou plus cruel que Bonne Année ! Alors que la pire guerre de l'Histoire faisait rage autour de nous et que nos nerfs étaient à vif, comment aurions-nous pu être heureux ?

Sur le mur de ma cuisine, l'*Almanach des PTT* de 1915, incitait à récolter des fonds pour les veuves et les orphelins de la guerre. Mes garçons écoutaient des chansons patriotiques sur le gramophone et marchaient au pas autour de la table de ma salle à manger.

En fin d'après-midi, un oiseau s'est arrêté un instant sur le pilier de mon portique. Je savais que c'était un pigeon, mais ses pattes avaient quelque chose d'étrange ; quelques minutes plus tard, il s'est envolé. Un article du Journal d'Estavayer intitulé *Pigeon Voyageur* est arrivé le lendemain. On y lisait ce qui suit :

Mercredi soir, à 9 h 30, Alphonse Kaiser, garde-chasse, a trouvé un pigeon voyageur qui avait sur la patte droite une bague portant l'inscription Paris 03073 et à sa gauche une triple bague violette en celluloïd. Le pigeon épuisé a été remis au commissaire de district.

La Légion Etrangère Suisse

Je ne connaissais pas l'existence d'une légion étrangère suisse ; elle n'avait jamais été mentionnée dans les publications qui arrivaient à ma portée. Grâce à mon journal, j'ai découvert que cette compagnie de soldats aguerris était arrivée à Zurich pour répondre à l'appel du service militaire. Ses 150 hommes constituaient la section suisse de la célèbre et charismatique Légion étrangère française. Parmi les légionnaires, se trouvaient des hommes de tous âges et de toutes conditions sociales. Certaines recrues ne maîtrisaient aucune de nos quatre langues nationales et ne parlaient que l'anglais. Ceux qui avaient parlé le suisse allemand dans le passé l'avaient oublié et avaient de la peine à comprendre les ordres donnés par les officiers de l'armée suisse ! Une recrue venant du Siam n'avait jamais vécu en Suisse. Malgré les difficultés linguistiques, ils constituaient une compagnie très appréciée pour leur expérience des combats, leur patriotisme et leur excellent humour.

Pendant cette période stressante, notre Casino-Théâtre était plus important que jamais et offrait une alternative aux sombres événements de la guerre. J'ai vu de longues files de spectateurs attendant d'entrer pour assister à la nouvelle pièce L'Essor. Cette comédie musicale en trois actes comportait de nouveaux acteurs talentueux qui attiraient un nombreux public. Ensuite, une conférence a été organisée par M. Vallotton, un vigneron vaudois, afin de récolter des fonds pour les soldats mutilés et aveugles d'outre-Jura. Sa description très évocatrice de la guerre, juste de l'autre côté de notre frontière, a fait venir les larmes aux yeux du public. Pour un prix d'entrée de 50 centimes, la collecte a rapporté 550 francs. Une autre conférence, à laquelle assistaient deux délégués de chaque localité du district, a été organisée pour expliquer le nouvel impôt de guerre, la manière de le calculer et de le collecter.

Mes garçons et leur toute fière maman ont assisté à la distribution des prix de l'école primaire. Elle a été suivie d'un loto de charité organisé pour apporter un rayon de soleil aux familles pauvres. Les prix étaient composés de nourriture et d'articles ménagers, une bénédiction pour de nombreuses familles souffrant de la crise économique. Le Casino a commencé à organiser des séances de gymnastique toute l'année. Les autorités ont souligné que nos jeunes avaient besoin d'endurance pour affronter un avenir inconnu.

« Lorsque la guerre sera terminée, » leur a-t-on dit, « il y aura des ruines et des dettes à gérer. »

Nos hommes sur le front

Qui étaient ces jeunes hommes du canton de Fribourg qui avaient choisi la voie du danger et de la mort ? Soixante-cinq d'entre eux ne reviendraient jamais.

Ils étaient soit des Suisses français binationaux, soit des membres de la Légion étrangère, soit encore des idéalistes qui s'étaient portés volontaires pour se battre pour une cause. Certains avaient été attirés hors de chez eux par la recherche de l'aventure, d'un salaire modeste mais régulier et la promesse d'un poste dans l'administration de l'armée après le conflit. L'un d'entre eux, originaire de notre ville, le caporal Vautherin, a envoyé une lettre depuis les tranchées ; reproduite ci-dessous comme elle a paru dans *le Journal d'Estavayer* :

Je viens par ces quelques lignes vous donner mes nouvelles et vous dire comment j'ai passé le dimanche soir de Pentecôte.

Il est 8 heures : du fond de ma guitoune, j'attends avec impatience mon cuistot qui va m'apporter la soupe et peut-être des nouvelles des miens. Dans cette vie souterraine, il n'y a rien de plus délassant que de recevoir des nouvelles du pays, du foyer, des bords du lac. J'entends un pas lourd dans le boyau qui conduit à mon abri. C'est le cuistot. Il est tout petit, mais ce n'est pas un froussard, il arrive charger comme un âne, sa toile de tente en bandoulière qui renferme des boules de pain et une douzaine de bidons. « Bonsoir les gars, voici la soupe. Les Allemands balancent des zinzins. » Aussitôt, les poilus s'empressent autour de lui pour le décharger. Ce travail fait, je lui dis : « Dites-donc mon petit, avez-vous des babillardes ? »

« Oui, me dit-il, mais pas pour vous, caporal, vous avez des journaux suisses. »

Aussitôt, je parcours le Journal d'Estavayer, afin de connaître les derniers événements qui se sont déroulés dans la paisible petite ville d'Estavayer. Chaque fois que j'ai le bonheur de recevoir le journal, je suis à la fois heureux et nostalgique, car voilà 15 mois que j'ai quitté Estavayer. Je lis l'article intitulé "Le retour des Pêcheurs". Comme c'est bien, la vraie vie staviacoise. Je rêvais d'une promenade sur la route du Port par un beau soir de mai quand, soudain, l'explosion d'un obus sur ma guitoune a ramené ma pensée à la réalité, vers des lieux moins paisibles et plus dangereux.

La soupe est mangée avec appétit et chacun regagne son lit de camp, fabriqué avec des planches et des sacs de terre en guise de matelas. De temps en temps, un obus fait résonner les voûtes de la tranchée. Tout à coup, une canonnade éclate. Mon chef de section arrive et crie : « Tout le monde dehors et vivement, les Allemands attaquent. »

Aussitôt dit, aussitôt fait, nous sautons sur nos fusils et nous gagnons la tranchée de soutien, car ma compagnie est de réserve.

La canonnade fait rage. Des obus, des grenades à fusil, des torpilles aériennes, tout s'emmêle. Je suis là avec mon escouade guettant les Allemands s'ils ont le malheur d'envahir la première ligne. Mon lieutenant accourt et m'ordonne : « Partez immédiatement pour renforcer la première ligne de résistance. »

Aussitôt, escouade par escouade, nous nous enfilons dans le boyau qui y conduit. Les ennemis sont sortis de leur tranchée, mais ils n'avancent pas ; tout à coup la terre tremble et notre première ligne saute : elle était minée par une sape. C'est un moment terrible. Les nôtres qui sont encore debout se retirent en seconde ligne dans un ordre parfait. Les Allemands essaient d'avancer, en vain, car nous les recevons avec nos bijoux de 75*. Les obus les fauchent ; il se replient en laissant le creux de la mine plein de cadavres et de blessés. Après un bombardement d'une heure, tout rentre dans le calme ; seuls quelques coups de fusils troublent la tranquillité de la nuit.

Voilà comment j'ai passé la soirée de la Pentecôte, tandis qu'à quelque vingt kilomètres de mon secteur, le roulement et l'éclatement incessant de gros obus font rage ; c'est l'endroit terrible, vers lequel sont tournés avec anxiété les yeux de tous les Français. Enfin j'espère que d'ici peu nos ennemis se rendront compte qu'ils ne doivent pas poursuivre *la lutte plus longtemps. Une dernière pensée en terminant pour tous les amis que j'ai laissés dans ma seconde patrie. Caporal Vautherin du 17ème Bat. de chasseurs.*

Madame avait un ami dans la Légion étrangère française et recevait fréquemment de la correspondance de sa part. Dans le courrier, se trouvait une nouvelle carte postale.

> *Lyon, 31 octobre 1915.*
> *Madame, je suis heureux que vous ayez demandé de mes nouvelles. J'ai fait un bon voyage à Lyon et je me suis réengagé dans la Légion. Comme vous le voyez, j'ai tenu ma promesse de rejoindre mes camarades. Je vais me préparer à être déployé sur le front français. Je pars mardi pour le camp de Valbonne. C'est ma première carte et j'espère que vos garçons aimeront la photo qui y figure. Pour votre réponse, mon adresse est M. Jean Ansermet, 1ère Légion Etrangère, 5ème compagnie, 2ème régiment de marche à la Valbonne, matricule 36617. Meilleurs vœux à toute la famille.*
> *Au revoir si Dieu le veut.*

Plus d'un an s'est écoulé depuis le début de cette guerre désastreuse. C'était presque Noël quand j'ai remarqué un certain nombre de chevaux rassemblés sur le quai de la gare. Leur souffle créait des nuages de condensation dans l'air froid du matin. Une petite foule de gens s'était rassemblée là-bas. Les hommes essayaient de se réchauffer en tapant des pieds ; les femmes enroulaient leurs foulards en laine plus étroitement autour de leur cou et ajustaient leurs mitaines. Tous attendaient le train en silence. L'écho lointain de son sifflet, autrefois un son joyeux annonçant l'arrivée des étudiants et des touristes, résonnait maintenant comme un pressentiment. Le train a ralenti et est entré en gare dans un nuage de fumée. L'ambulance de la Croix-Rouge, tirée par deux chevaux, avait la priorité sur le quai, mais elle ne pouvait pas transporter tous les soldats blessés qui arrivaient par le train. Portés par un fort vent d'ouest, j'ai entendu les mots d'un médecin implorant un fermier :

« Monsieur, s'il vous plaît ! Nous avons besoin d'emprunter votre char. Il y a trop de blessés aujourd'hui. »

Le fermier a hoché de la tête et s'est dirigé vers son char à foin. Les voitures privées auraient été les bienvenues, mais elles n'étaient plus autorisées. La nourriture et l'essence étaient sévèrement rationnées. Des volontaires ont aidé les soldats blessés à descendre des wagons et ont porté ceux qui ne pouvaient pas marcher jusqu'aux chars. L'ambulance de la Croix-Rouge prenait en charge les cas les plus graves. Une foule de soldats est descendue du train ; on voyait des têtes entourées de bandages ensanglantés, des hommes aux jambes coupées boîtant sur des béquilles, des jeunes hommes, des garçons plutôt, aux nerfs à vif, avec des yeux traumatisés qui regardaient en tous sens en tentant de comprendre où ils étaient.

J'ai observé une famille locale qui se dirigeait vers le dernier wagon du train pour récupérer le corps de leur fils, tué à Ypres, un des nombreux Suisses tués dans une guerre qui n'était pas la leur. Les soldats blessés, un petit nombre des 68'000 qui arriveraient en Suisse pendant la guerre pour se soigner, pour récupérer ou pour mourir, ne retourneraient plus à la guerre. Ils parlaient français, allemand, flamand, italien, russe et d'autres langues. Avec l'aide des habitants de la ville, les véhicules ont été chargés et ont quitté la gare. Le triste cortège de chevaux et de chars est passé devant mon portail en direction des habitations et des hôtels désertés par les touristes.

Les pénuries alimentaires

L'Almanach de 1916 fixé sur le mur de ma cuisine avait de nouveau été imprimé pour collecter des fonds pour les veuves et les orphelins de la guerre. Il montrait un convoi de prisonniers allemands escortés par des soldats alliés. Le premier mardi était entouré en rouge ; les hommes de notre ville sont repartis ce jour-là pour défendre notre frontière la plus proche, à Vallorbe, à 47 kilomètres seulement d'où je me trouve ! C'était la troisième fois qu'ils étaient mobilisés, depuis le début des combats.

La guerre avait créé des conflits entre nos citoyens suisses romands et suisses alémaniques. Le Gouvernement fournissait un effort monumental pour maintenir l'unité du pays entouré de nations en guerre ; les pénuries alimentaires étaient rapidement devenues critiques.

Sans ressources naturelles, même en temps de paix, nous dépendions fortement de l'importation de matières premières pour faire tourner notre industrie et nourrir nos quatre millions d'habitants. Les livraisons en provenance d'Europe de l'Est étaient réduites à zéro par le blocus allié et les torpillages menaçaient les produits alimentaires arrivant par bateau d'outre-mer. La Confédération a négocié des contrats d'affrètement sous pavillon neutre pour transporter des marchandises, mais les expéditions étaient souvent annulées à la dernière minute parce que les navires étaient affectés au transport des troupes.

Nos rations de 250 grammes de pain par jour et de 350 grammes de farine par mois ont été réduites de moitié. Ma cuisine vibrait des claquements des portes de placards par notre cuisinier grognon qui trépignait en jurant dans son souffle.

Des rations avaient également été établies pour les enfants ; mes garçons étaient fiers de participer à ces sacrifices. La Liberté, dans son édition du 28 septembre, nous a informés que l'abondant approvisionnement en charbon en provenance d'Allemagne était terminé ; désormais, seules des quantités limitées seraient disponibles. Ma famille avait une petite réserve ; j'espérais qu'elle serait suffisante pour me chauffer tout l'hiver.

Une nouvelle carte postale

Une autre carte postale en couleur est arrivée pour Madame de la part de son ami de la Légion étrangère française. Son visage s'est éclairé de plaisir quand elle l'a

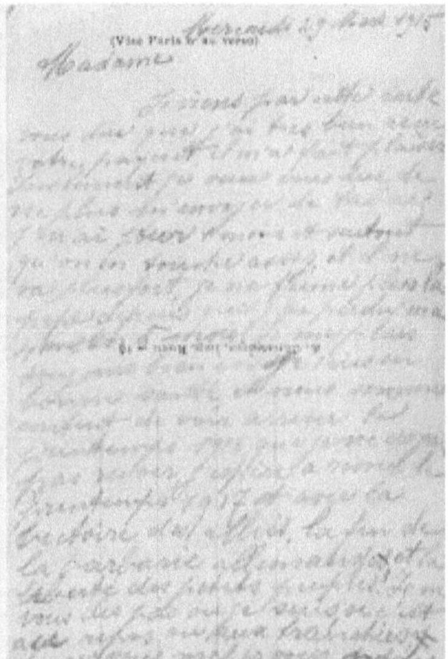

Madame, Je viens par cette carte, vous dire que j'ai très bien reçu votre paquet, il m'a fait plaisir. Seulement, je veux vous dire de ne plus m'envoyer de tabac. J'en ai assez pour des mois et aussi on en touche beaucoup ici. J'ai cessé de fumer la pipe depuis que j'ai perdu ma quatrième en 5 mois. Je me plais toujours bien ici, je suis en bonne santé et nous sommes contents de voir arriver le printemps 1916 que je pensais ne pas voir et j'espère vivre le printemps 1917 avec la victoire des alliés, la fin de la barbarie allemande et la liberté des petits peuples. Je ne vous dis pas ou je suis, si c'est au repos ou aux tranchées. Taisez-vous, méfiez-vous ! Gardez ma correspondance secrètes. Bonne Pâques, Jean Ansermet

vue parmi la correspondance ; elle était datée du mercredi 29 mars 1915, mais elle avait mis du temps pour arriver.

Drame à Porrentruy

Nous avons reçu des nouvelles de la frontière par notre journal. Les soldats suisses postés à l'extrême limite de Porrentruy ont été témoins d'un spectacle horrifiant. Une patrouille allemande de quatre hommes longeait la lisière d'une forêt près de la frontière, fusils en main et doigts sur la gâchette. Soudain, ils se sont jetés au sol et ont ouvert le feu sur une patrouille française qui s'avançait confiante. Les Allemands ont fait feu et trois soldats de la République sont tombés à terre ; leurs camarades ont disparu comme par enchantement. Au bout d'une minute, les Allemands se sont prudemment relevés et se sont approchés des victimes pour prendre des trophées lorsque, avec une agilité de félins, une demi-douzaine de tirailleurs sénégalais ont surgi de la forêt derrière eux et les ont attaqués avec leurs fameux coutelas. Le drame a été rapide et inouï. Avant qu'un seul d'entre eux n'ait eu le temps de faire face aux assaillants, les quatre Allemands s'effondraient comme des masses, fauchés par ces terribles armes. Puis les Sénégalais, laissant leurs ennemis vaincus, ont chargé prestement les trois blessés français sur leurs robustes épaules et se sont évanouis vers l'ouest.

Ce drame a suscité chez les soldats suisses stupéfaits une telle émotion que plusieurs d'entre eux se sont surpris à pleurer devant tant de férocité de part et d'autre.

Une autre carte postale du légionnaire est arrivée,

montrant un soldat en tenue de combat avec un bouquet de fleurs.

> *Madame, Je vous écris pour vous dire que je vais bien et que j'ai été heureux de recevoir votre colis. J'espère que vous avez reçu les cartes que je vous ai envoyées de Lyon et qu'elles vous ont plu. Je suis heureux ici. La nourriture est excellente, mais j'aimerais quelque chose de salé pour changer. Nous sommes en congé depuis un certain temps. Il pleut tous les jours depuis mon arrivée. Je ne sais pas si nous allons rester longtemps ici. Je préférerais être dans les tranchées, dans la boue, où nous étions plus libres, bien que plus exposés au danger. Je m'entends bien avec mes camarades, même s'ils sont tous nouveaux à la Légion. J'ai reçu une lettre de M. Duruz, ce qui m'a fait plaisir, et je vais bientôt correspondre avec mes amis d'Estavayer. Ils ont été très bons pour moi l'hiver dernier. J'espère que ma carte postale vous trouvera en bonne santé, vous, votre frère et vos petits garçons. Je pense souvent à votre famille et j'espère revenir vous voir. Mes meilleurs vœux à tous. Tranchées, première ligne, Jean Ansermet, Au Régiment en marche de la Légion Etrangère, 7ème compagnie.*

Pâques est arrivé et une nouvelle procession du Surrexit, mais nos meilleurs chanteurs étaient à l'armée si bien qu'on a demandé au reste de la population masculine de participer à cet ancien rituel pour garder le moral de la population. Un soldat local a écrit depuis la frontière :

La veille de Pâques, les cloches ont sonné et les troupes ont défilé pour l'inspection. Deux bataillons ont rempli la grande et belle église de pèlerinage pour célébrer Pâques. Nous avons eu le plaisir d'entendre Surrexit et O Filii et Filiae chantés accompagnés de quelques instruments de musique. La tradition d'Estavayer reste avec nous et dans nos cœurs.

C'est juste après Pâques que j'ai eu une terrible frayeur.

À 11h34, mes fondations ont tremblé, et toute ma structure s'est mise à osciller. J'étais sûre que le moment que je redoutais depuis si longtemps était arrivé : l'invasion des Allemands et la destruction de notre ancienne cité ! Ils n'avaient pas hésité à dévaster la Belgique, pourquoi nous épargneraient-ils ? Le premier choc passé, j'ai attendu l'apparition de l'artillerie lourde.

Rien. Pas d'avions dans le ciel, pas de chars au sol. Seulement le silence et les nuages de poussière.

Il s'est avéré qu'il y avait eu un tremblement de terre. Le journal a expliqué qu'il avait été ressenti dans toute la Suisse occidentale, mais plus violemment sur les rives du lac de Neuchâtel. Tout est revenu à la normale autour de moi, même si je pouvais sentir quelques petites fissures ici et là dans ma structure.

Mésaventure à la gare

Tout au long du printemps, il y eut beaucoup d'activités à observer à la gare. Un jour, M. Bourqui, de Murist, soldat de l'artillerie en permission, descendait en ville avec son chariot. J'ai été horrifiée de voir son cheval tomber au coin de la route, devant l'Institut Stavia. J'étais en train de regarder mes garçons jouer dans le jardin et j'ai failli manquer cette mésaventure. La charrette s'est renversée et M. Bourqui a été violemment projeté à terre. Un paysan qui se trouvait à proximité l'a transporté à l'Hôpital, où il a été soigné pour une épaule cassée et d'autres contusions; il devra se remettre de ses blessures avant de pouvoir reprendre sa patrouille à la frontière.

Le même jour, j'ai vu un autre cheval et un chariot

arriver à la gare ; il transportait en ville un tronc colossal de noyer pesant l'énorme poids de 5600 kg. Il avait été acheté par M. J. Roget, un courtier en bois, pour 500 francs et livré à l'atelier de la Confédération pour être transformé en crosses de fusil. Les noyers se faisaient rares et ne pouvaient pas être replantés assez vite. Le bois de bouleau était aussi apprécié pour les crosses de fusil; il était plus léger, utilisé pour les fusils de chasse, et disponible partout dans nos forêts.

Le courrier du lundi matin a apporté les journaux et une carte postale dévastatrice pour Madame de la part de son ami, le légionnaire. Elle ne savait pas quoi en penser.

> *1er juillet 1916, bataille de la Somme*
>
> *Je vous écris cette carte pour vous dire que j'ai reçu votre colis et que je tiens à vous remercier. Ne m'envoyez plus rien. Lorsque vous recevrez cette carte, je serai mort ou blessé. Que Dieu vous bénisse. Une bonne poignée de main à tout de monde.*
>
> **Jean Ansermet**

Un article dans le journal du matin d'un soldat local qui écrit depuis le front n'a rien fait pour apaiser ses craintes :

Nous nous sommes arrêtés dans un village abandonné près de la ligne des tranchées. Nous avons bivouaqué dans une cour de ferme désertée et préparé notre souper. Le feu a été allumé et les marmites ont bouilli et tout le monde s'est rassemblé autour du feu, heureux d'être au chaud et de sécher nos vêtements mouillés par les tranchées. Soudain, les Allemands ont bombardé le village abandonné. Le bruit était infernal. Nous avons mangé notre soupe en écoutant les bombes qui se rapprochaient de plus en plus. Soudain, un mortier de gros calibre a explosé au-dessus de nos têtes. Nous nous sommes jetés par terre. Trop tard ! Un éclair aveuglant a éclaté suivi d'une avalanche de pierres et de terre, ouvrant un cratère de cinq mètres de diamètre. L'odeur de la poudre à canon était insupportable. J'ai essayé de me lever et de regarder autour de moi. Ce que j'ai vu était une vision apocalyptique de corps étendus à perte de vue, de flaques de sang, de têtes fracassées, de matière cérébrale, de membres partout, du sang, de la boue et de la cordite. Sur mes 32 camarades, 26 étaient morts. Mon corps a survécu intact, sauf mes yeux qui étaient remplis de pus infecté, ce qui empirait chaque jour, et j'ai dû être évacué. J'ai été bien soigné par les Françaises du front, et mes yeux vont bientôt redevenir normaux.

Une autre année de cette guerre sans fin avait commencé. Sur le mur de ma cuisine, l'Almanach de 1917 montrait des soldats harnachés tirant des chariots ; il n'y avait pas de chevaux en vue.

Le jeudi dernier a vu partir pour la quatrième fois soixante de nos soldats. Enfouie sous son manteau hivernal, notre petite ville s'est éveillée à cinq heures à l'appel. À cinq heures et demie, sous les voûtes de notre église obscure éclairée uniquement par la lueur des bougies, de nombreux soldats se sont agenouillés.

À sept heures, ils se sont dirigés par petits groupes vers la gare. Le train est arrivé, les adieux se sont mêlés aux cris de "*Vive l'armée, Vive la Suisse*".

Le convoi s'est ébranlé lentement, semblant quitter à regret les parents et les amis. Nos soldats s'en sont allés agitant encore les mouchoirs et les képis. Le train passait à travers les arbres, sa fumée posait de longues traînées grises sur les prés couverts de neige fraîche. La foule des parents et des amis a regardé jusqu'à ce que le dernier wagon disparaisse. Ensuite, ils ont passé devant mon portail en silence sur le chemin du retour vers la ville, tandis que le soleil se couchait sur le Jura, où se trouve la fragile frontière de notre pays.

Les montres de tranchées

La plupart des soldats étaient équipé de montres de poche, peu pratiques dans les tranchées exiguës ; les officiers ont donc acheté leurs propres montres-bracelets. En 1916, les montres-bracelets étaient considérées comme si importantes qu'un "kit d'officier pour le front" comprenait une "montre-bracelet lumineuse avec verre incas-sable" ainsi qu'un revolver et des jumelles. Les fabricants de montres suisses avaient essayé de commercialiser leurs montres-bracelets avant la guerre, sans succès auprès des hommes qui les considéraient comme des accessoires féminins. La nouvelle demande de montres-bracelets émanant du front a été du pain béni pour les horlogers suisses et a lancé une nouvelle tendance. Deux fournisseurs de l'armée, Rolex et Omega, en ont profité pour commercialiser leurs montres-bracelets en tant que montres de tranchées ou montres d'officier.

Le journal était arrivé, et Madame l'a étalé sur la table de la salle à manger. J'ai tout de suite compris pourquoi : il y avait un article intitulé *Encore une lettre d'un poilu staviacois.*

Jean Ansermet est retourné voici deux mois sur le front français et, dans toute sa simplicité héroïque, nous publions une lettre de lui en respectant son orthographe et son style. Jean Ansermet est engagé depuis le début de la guerre dans le 1er Régiment de la Légion étrangère française. Il a été blessé au combat au nord d'Arras. Depuis l'hôpital de Poitiers, il envoie un récit détaillé de ses aventures à une dame de notre ville avec qu'il communique régulièrement.

Vous avez peut-être lu dans la presse la victoire des Français le 9 mai au nord d'Arras. C'était un honneur pour le 1er Régiment de la Légion. Nous avons pénétré les défenses allemandes et enlevé 3 lignes de tranchées de plus de 700 mètres de long, le tout au corps à corps. Un moment avant l'attaque, la tempête d'artillerie était déchaînée. Vingt mille coups de canon de 5 heures du matin à 10 heures du soir. Tout ce qui a été écrit dans la presse sur la bataille du 8 au 23 mai est vrai. Je l'ai vu de mes propres yeux. Je ne sais pas comment je suis encore en vie. Les obus tombaient tout autour de moi comme de la grêle. Ces nouvelles mitrailleuses qui répandent la mort sont des choses terribles.

Heureusement, nous en avons capturé une vingtaine dimanche dernier, ce qui nous a aidés. Lundi, on m'a tiré dessus en transportant un de mes camarades blessé par une grenade. Il ne pouvait pas marcher, et je l'ai amené à l'ambulance à 700 mètres derrière les lignes sous un feu nourri de mitrailleuses ; c'était le troisième que je ramenais. J'étais heureux d'aider et de faire mon devoir de soldat. Et je remercie Dieu de ne pas avoir été blessé plus gravement.

Ma blessure n'est pas si grave, je vais me rétablir et j'ai hâte de retourner combattre ces barbares. Ça va leur coûter cher de m'avoir. Ceux qui tombent entre mes mains sont finis.

Mon sergent m'a félicité. J'avais un beau casque d'officier allemand que je voulais emporter en souvenir, mais j'ai dû l'abandonner car j'ai été blessé en portant mon camarade sur mon épaule. Je vais m'en procurer un autre. Nous sommes bien soignés ici par les infirmières. Je vais tous les soirs prier à la chapelle, et je suis content. Quand on est oisif tout l'hiver, on est prêt à reprendre le combat et le chemin de la victoire.

Nous aurons le Boche, c'est sûr. La France a encore des soldats et du pain pour les nourrir. Nous irons jusqu'au bout pour nous débarrasser de ces hypocrites.

Envoyez-moi un peu de tabac, s'il vous plaît. Je n'en ai plus beaucoup.

J'ai perdu deux paquets dans l'attaque de dimanche. Ils étaient dans mon sac à pain. La sangle s'est cassée et il n'était pas question de retourner le chercher sous une pluie *de balles. Merci pour votre médaille. Je pense qu'elle me protégera jusqu'à la fin.*

Vive la France Vive la Revanche !

Vive la Suisse, qu'elle reste libre longtemps !

Vive les Alliés, nous marchons vers la victoire !

Jean Ansermet

Quelques jours plus tard, nous avons été informés :

Jean Ansermet, de la Légion étrangère française, a été décoré de la Croix de guerre, une médaille pour services distingués. Il a été cité sur la liste de l'armée française comme un exemple de courage et de vaillance. Il a été grièvement blessé alors qu'il lançait une attaque sur une position ennemie retranchée. Félicitations à ce brave soldat.

Dans mon petit salon, il a coulé des larmes de soulagement.

Les jours passaient avec mes enfants faisant leurs devoirs et Madame travaillant avec des organisations caritatives pour les pauvres et nos soldats. Les dames se réunissaient souvent dans mon petit salon, et j'étais donc bien informée sur leurs activités. Le Comité de l'Œuvre des Soldats Staviacois, une association pour le bien-être des soldats locaux, avait jusqu'à présent envoyé 19 maillots de corps, 41 paires de chaussettes, des cigares, des cigarettes, du chocolat et des conserves aux soldats de notre ville qui gardaient les frontières. Le commandant du Bataillon 16 a envoyé une lettre de remerciement à l'Association pour cette généreuse initiative. Le journal rappelait à la population que ce conflit serait long et que les dons étaient les bienvenus. Mes garçons avaient donné 5 francs chacun et étaient fiers de voir leurs noms mentionnés dans le journal.

Le deuxième envoi de marchandises est parti pour la frontière et a été distribué équitablement entre les soldats locaux, quel que soit leur grade. Pendant que la ville s'efforçait de trouver des hommes pour chanter dans la procession du Surrexit, des nouvelles nous sont parvenues du front de la guerre.

Pâques est une période d'espoir et nous espérions que ces nouvelles feraient la différence. Le président Wilson avait demandé à son Congrès *"une guerre pour mettre fin à toutes les guerres"* qui *"rendrait le monde sûr pour la démocratie."*

Le 6 avril 1917, le Congrès américain a voté la déclaration de guerre à l'Allemagne et mobilisé trois millions de soldats. De mon côté, je ne pouvais m'empêcher de m'inquiéter pour les innombrables garçons, guère plus âgés que mon aîné, envoyés sur les champs de bataille et dans les tranchées. Nous essayions de chasser ces pensées sombres en écoutant notre gramophone jouer *Over There* et *For Me and My Gal,* des chansons qui sont arrivées avec les soldats américains.

La visite du Général Pau

Ce jour-là, était historique pour notre petite ville. Aucun général de l'armée française n'était plus populaire dans notre pays que le charismatique et manchot général Pau, sorti de sa retraite pour commander l'armée d'Alsace.

Il s'est donné pour mission de rendre visite aux soldats français blessés dans toutes les régions de Suisse, même dans les vallées et les villages de montagne les plus reculés. À la grande joie des autorités de notre ville, elles avaient reçu une lettre le leur annonçant que le général Pau avait l'intention de nous rendre visite le 19 août 1917. Notre ville comptait plusieurs de ses habitants combattant dans les rangs de l'armée française, dont certains avaient été cités pour leur courage et leur héroïsme à la ligne de feu.

Ma famille a rassemblé ses drapeaux et s'est jointe à la réception du général. Des drapeaux suisses et français flottaient sur toutes les tours de notre cité médiévale. Le général Pau est arrivé à quatre heures sur la place de Moudon, l'esplanade surplombant le lac ; il a reçu un accueil royal suivi de musique, de discours, d'une visite de notre château et d'un dîner à l'Hôtel de ville. En fin de journée, il est reparti avec son escorte dans trois automobiles, emportant avec lui le souvenir de notre vieille cité et de ses chaleureux habitants. Une édition supplémentaire du Journal relatant la visite du général Pau a été imprimée pour répondre à la demande du public.

Les cartes de rationnement

Au soir du 17 septembre, mes enfants et les domestiques sont assis dans le petit salon et écoutent avec inquiétude Madame lisant à haute voix une allocution de nos autorités :

« Une guerre terrible encercle notre pays depuis plus de trois ans. Elle impose des sacrifices à tous les secteurs de la population, citadine et rurale. La lutte mondiale s'avère implacable et continue de s'étendre. Il est impossible d'en prévoir la fin. On demande à la population de consommer moins et aux agriculteurs de produire des produits qui ne nous parviennent plus de l'extérieur. Notre pays n'a du pain que pour trois mois. Cette année, nous n'avons pu importer que de faibles quantités de blé de l'étranger malgré les efforts acharnés de nos autorités. Le Conseil fédéral est maintenant obligé de rationner le pain. Nous savons que cette mesure va créer de nouvelles difficultés. Cependant, nous pensons que vous comprenez tous la gravité d'une situation créée par une guerre dont nous ne sommes pas responsables.

Le Conseil fédéral s'adresse aux agriculteurs pour qu'ils

fournissent un nouvel effort, après tant d'autres. Nous devons ensemencer 12'000 poses de céréales supplémentaires cet automne. Nous adressons un appel pressant à notre population agricole pour qu'elle prenne toutes les mesures possibles pour ensemencer sans délai les terres supplémentaires. Au printemps dernier, vous avez suivi nos conseils et cultivé des pommes de terre et des légumes. La récolte de ces produits a été abondante et a satisfait une partie de nos besoins. Aujourd'hui, le pays est menacé par le manque de pain. Il est en votre pouvoir d'empêcher cela en semant les quantités de céréales que nous avons demandées. Jusqu'à présent, la Suisse a été épargnée par les horreurs de la guerre. Soyons reconnaissants de cette protection divine et acceptons les pénuries qui nous attendent avec un courage chrétien et un esprit patriotique. Nous vous demandons, en ces temps difficiles, d'aider les autorités dans leur difficile mission d'assurer l'indépendance économique et la liberté de notre chère patrie.»

Le lendemain, 1980 cartes de pain ont été délivrées à la population de notre ville de 2103 citoyens. Parmi eux, 223 étaient des agriculteurs et faisaient leur propre pain. Les cartes de rationnement du pain de ma famille ont été livrées sur le pas de ma porte avec en plus des instructions pour le séchage des fruits, la conservation des légumes et des recettes de confiture sans sucre.

Cette nuit-là, une violente tempête de grêle a gravement endommagé les cultures et aggravé la pénurie déjà critique de produits alimentaires. La grêle a rebondi sur mon toit et s'est accumulée en petits tas sur mes balcons. Au plus fort de la tempête, le bruit était assourdissant et effrayant. Le lendemain matin, il y avait encore des grêlons dans les rues, les rendant glissantes et dangereuses. Avec inquiétude j'ai guetté les chevaux qui descendaient prudemment l'avenue de la Gare en tirant six chariots chargés de paille réquisitionnée par l'armée.

Bien que nous devions faire face aux sacrifices, aux pénuries et à l'anxiété de nos soldats, nous étions reconnaissants de la paix relative dont nous jouissions et fêtions Noël conscients de la terreur dans laquelle vivait la majorité de la population européenne. La radio nous a apporté la fière nouvelle que le Prix Nobel de la paix avait été décerné au Comité international de la Croix-Rouge pour son rôle de gardien de la Convention de Genève, le seul Prix Nobel attribué pendant les années de guerre. La Croix-Rouge a été confrontée à son plus grand défi depuis sa fondation à Genève en 1859. Elle s'est occupée du transport des soldats blessés et a créé le Bureau de renseignements sur les blessés et les disparus à Genève pour aider les familles à retrouver leurs membres dans les camps de prisonniers de guerre à travers l'Europe.

Le nouveau calendrier accroché au mur de ma cuisine montrait une photo d'un groupe d'enfants en haillons, effrayés, regardant les soldats défiler dans les rues. Même si cela semblait difficilement possible, l'année 1918 s'annonçait encore pire que l'année précédente. Le service de bateaux à vapeur d'Yverdon à Estavayer a cessé par manque de charbon. De toute façon, le lac était à un niveau bas sans précédent et, de plus, il n'y avait plus de poissons. Les cartes de rationnement limitaient le sucre, le riz, les pâtes, le pain et le charbon.

Des rumeurs circulaient selon lesquelles le Conseil fédéral allait émettre des cartes de rationnement pour la viande, le fromage et l'électricité en juillet. Notre jardinier exaspéré s'est exclamé : « Nous aurons bientôt assez de cartes pour jouer au jass. Y aura-t-il ensuite une carte de rationnement pour le schnaps ? »

Le Carême est arrivé et nous a appelés au jeûne et à l'abstinence. En réalité, ce n'était pas bien nécessaire ; avec le rationnement de tout, le jeûne était notre mode de vie !

Apparition près du Casino

Un beau matin, le soleil s'est levé et a éclairé un objet étonnant tout près de chez moi. Un vaste abri en toile avait apparu miraculeusement près du Casino ; tout le quartier en parlait. De mon deuxième étage, je pouvais scruter toute sa structure. Mes garçons et leurs amis se sont amusés à s'y faufiler. Notre jardinier connaissait tous les détails et les a racontés au cuisinier.

« L'abri fait 30 mètres de long et 5,20 mètres de large. Il a été construit par Isidore Torche (un artisan local) pour l'armée américaine en France. Il se compose de 850 pièces et 230 boulons, et on peut y installer 40 lits. Il faut quatre heures et dix hommes pour le monter. Un officier améri-cain va venir l'inspecter et le faire passer par la frontière à Vallorbe. »

Enfin, j'ai entendu une bonne nouvelle : Hippolyte Pil-lonel, propriétaire du moulin voisin, a été élu au Conseil municipal avec 188 voix ; Madame l'a félicité pour ce score impressionnant. L'expérience agricole de M. Pillonel, dont nous avions tant besoin, pouvait maintenant être mise au service de la communauté, car l'approvisionnement en nourriture était la priorité numéro un. Notre Gouvernement a envoyé une délégation aux États-Unis pour négocier l'achat de blé. Le War Trade Board a garanti la livraison de 240'000 tonnes de la prochaine récolte, ainsi que 30'000 tonnes de seigle, d'avoine, d'orge, de farine et de sucre en décembre, en fonction des besoins des États-Unis et de leurs alliés.

Des hommes de notre ville ont été à nouveau mobilisés. Le pays appelait les troupes du canton de Fribourg et continuerait à le faire jusqu'à la fin d'année. Ma famille espérait et priait pour que cette guerre infernale soit bientôt terminée. Certaines réparations auraient dû être effectuées sur ma structure, mais elles devraient attendre; le cuivre, le fer et les autres métaux étaient réservés à l'armée.

Après le départ de nos soldats, alors que soufflait un fort vent, une énorme montgolfière est passée au-dessus de ma tête, frôlant le paratonnerre de mon toit. Emportée vers le lac, elle a plongé dans le lac à deux kilomètres au large. Les frères Kaiser, nos courageux pêcheurs locaux, ont mis leur bateau à l'eau pour aller à la recherche des passagers. Après avoir failli chavirer à plusieurs reprises, ils sont arrivés à bon port à Yvonand. Le ballon s'est finalement échoué sur la plage d'Yverdon, où il a attiré une foule de spectateurs. Il portait l'insigne de la Croix de Fer de l'armée allemande. Personne ne sait ce que sont devenus ses passagers.

Sur l'avenue de la Gare, où les choses intéressantes à

observer ne manquaient jamais, j'ai été surprise de voir trois chars décorés de drapeaux passer devant ma porte. Avec un certain panache, le club de tir d'Estavayer avait organisé un concours pour ses 42 membres. À 13 heures, les membres du club sont partis joyeusement sur les chars en direction du village de Cheiry, lieu de la compétition. Notre ville s'est bien comportée lors de la compétition, surtout si l'on considère le manque d'entraînement imposé à nos tireurs. Les munitions étaient extrêmement limitées et réservées aux soldats. Néanmoins, il fallait en mettre à disposition pour que nos jeunes hommes puissent apprendre à tirer.

L'Armistice - 11 novembre 1918

À mon grand soulagement et à celui de la population en général, les cloches de notre église et les églises de toute l'Europe ont annoncé l'Armistice. La Grande Guerre était terminée ! (Plus tard, elle sera connue sous le nom de Première Guerre mondiale. Heureusement, nous ne savions pas à ce moment-là qu'une Deuxième Guerre mondiale nous attendait !). Les autorités gouvernementales nous ont communiqué quelques chiffres : le conflit avait coûté 40 millions de vies humaines et 1000 milliards de francs. Tant de sang, de boue, de larmes, de cris d'angoisse ! Des centaines de villes détruites, des milliers de villages dévastés, des centaines de milliers de corps mutilés, des veuves et des orphelins en masse. Je ne savais pas quoi en penser. L'idée même de la guerre me dépassait complètement.

Après les épreuves de la guerre, j'avais envie de retrouver la vie paisible de notre petite ville. Je voulais voir les gens dans leurs plus beaux habits faire la queue à l'entrée du Casino pour assister à des concerts et à des pièces de théâtre, voir le bétail aller au marché, assister à des festivals et des danses. Ce ne fut pas le cas. Ces rêves ont été anéantis par l'épidémie de grippe espagnole qui a suivi la guerre. Transmis par l'air, ce virus qui pouvait tuer en deux, trois jours a fait le tour du monde et entraîné la mort de millions de personnes.

Des cas ont été recensés dans les régiments de l'armée en Valais, dans le Jura et à Genève, ainsi que dans la population. Les rumeurs selon lesquelles la grippe espagnole avait atteint notre district allaient bon train. Le Journal d'Estavayer tentait de nous rassurer :

Restez calmes, disait-il, *la situation est sous contrôle.*
Ne vous alarmez pas ! Cette maladie va nous éviter.

Hélas non !

La grippe espagnole

Naturellement, Madame s'inquiétait pour les garçons. Les événements publics ont été annulés, le Casino et les écoles ont été fermés ; les enfants devaient être occupés à la maison. Au début, mes garçons trouvaient ces vacances forcées merveilleuses, mais au fur et à mesure que la période s'étendait, une semaine, puis un mois, ils s'ennuyaient et sont devenus de plus en plus agités. Des abris de quarantaine d'urgence, appelés lazarets, ont été installés à l'Hôtel Bellevue, où les Sœurs du Sacré-Cœur ont reçu et soigné les malades de la grippe jour et nuit. Chaque jour, de nouveaux cas étaient admis en provenance de la ville et de la campagne environnante. Lorsque le nombre de lits a atteint 30, il n'y avait plus une place disponible.

À la crèche, un autre ordre de religieuses accueillait les enfants de parents infectés pour éviter la propagation. Les sœurs travaillaient sans relâche pour soigner les victimes de la grippe, sans se soucier de leur propre bien-être. Notre église sonnait le glas presque tous les jours et les annonces de funérailles remplissaient les pages de notre Journal. Au cimetière, à peine une tombe était-elle remplie qu'une autre était ouverte. Nous avons appris qu'à Berne 1200 soldats étaient malades, dont plusieurs de notre district. Le Journal demandait des contributions pour les soldats grippés et publiait les noms des donateurs.

Il n'était pas facile de rester informé pendant cette période. Les amis et les voisins n'appelaient plus. Mes garçons étaient en quarantaine, tout comme leurs camarades. Le journal local était réduit à quelques pages ; quatre-vingts pourcent du personnel de l'Imprimerie Butty avaient la grippe.

J'ai écouté une conversation dans la cuisine et j'ai appris qu'on l'appelait grippe espagnole parce que la presse l'avait annoncée pour la première fois lorsqu'elle avait atteint l'Espagne. Auparavant, la maladie mortelle avait déjà fait rage dans les tranchées, causant d'innombrables décès, mais les nations en guerre avaient censuré l'information pour dissimuler cette faiblesse stratégique. Les Français pensaient que la grippe était originaire de Suisse. Les Suisses croyaient qu'elle venait d'Allemagne ou d'Autriche. Les Polonais l'appelaient la grippe bolchévique, à Rio de Janeiro, c'était la grippe allemande et au Sénégal, la grippe brésilienne.

En pleine épidémie, une crise politique majeure débuta dans le pays. Le 12 novembre 1918, une grève générale organisée par le Comité d'Olten était suivie par quelque 250'000 ouvriers. Le Conseil fédéral et les dirigeants de l'armée, effrayés par le succès de la révolution soviétique, décidaient de frapper brutalement le mouvement de grève. Malgré la fin de la guerre, de nouvelles troupes ont été levées et les compagnies fribourgeoises du Régiment 7 ont reçu la mission d'occuper la ville de Berne. L'armée a pris le contrôle de la gare, patrouillé dans les rues et interdit tout attroupement. Après trois jours, les soldats envoyés en nombre ont maté la grève. Cependant, certaines des revendications des grévistes furent appliquées dans les années suivantes, telles que l'élection au système proportionnel, la semaine de 48 heures et l'AVS. La mobilisation de l'armée en pleine épidémie a fait de nombreuses victimes au sein de la troupe, dont 43 soldats du régiment fribourgeois.

Le nombre de victimes de la grippe espagnole dans le monde s'est situé entre 50 et 100 millions. Le lazaret de quarantaine d'Estavayer a fermé ses portes le 20 décembre 1918 ; il était ouvert depuis sept semaines et avait pris en charge 104 cas. Des articles ont paru dans le journal pour remercier tous ceux qui avaient soigné les malades. L'école primaire a rouvert ses portes à la grande joie des parents et mes enfants se sont remis au travail après leurs longues vacances.

Ma curiosité a été éveillée par les cris assourdissants

des fermiers qui chargeaient leur bétail dans les wagons à la gare. Pendant les années de guerre, notre foire aux bestiaux avait disparu. À présent, le bétail est acheminé directement à la gare. Ce jour-là, avec beaucoup de plaisir, j'ai observé le chargement de 85 têtes de bétail, 275 porcs et 2 chèvres dans le train.

Sur l'avenue de la Gare, j'ai admiré des dames portant des jupes plus courtes, se terminant à mi-mollet, avec des ceintures à taille basse autour des hanches. Elles portaient d'élégants manteaux d'hiver avec un col bordé de fourrure et des chapeaux plats appelés « chapeaux cloches », décorés de rubans ou de plumes. Quelle joie de voir ce défilé familier se dérouler à nouveau !

La vie après-guerre reprend

Après la fin de la guerre et l'épidémie de grippe, notre vie a lentement repris son cours normal. J'ai vu des foules faire la queue pour entrer au Casino afin d'assister aux concerts et aux pièces de théâtre. Bien qu'il y ait toujours une grave pénurie de nourriture, le rationnement a été quelque peu allégé. Les anciens produits sont revenus sur le marché, et de nouveaux produits de toutes sortes sont apparus à la vente. Des automobiles sont à nouveau passées devant mon portail : des voitures à l'allure impressionnante, appelées Pierce Arrow, Hayne, Martini, Delage, Model-T Ford, Isotta Fraschini, Bugatti, Duesenberg, Stanley et Biddle. Malheureusement, les constructeurs automobiles suisses se retiraient du marché les uns après les autres en raison du coût élevé de leur production artisanale.

À la grande joie de la population locale, nos soldats ont commencé à rentrer à la maison. Un de nos voisins du Régiment fribourgeois 7 a été libéré avec sa troupe en janvier 1919. Il est passé nous montrer la plaque reçue en commémoration de son service actif ; Madame l'a félicité pour sa bravoure ! En toute modestie, il a dit que les plaques étaient remises à tous les soldats.

Nous étions reconnaissants que la guerre soit terminée, mais notre économie était au plus bas. En raison d'une pénurie de bétail, le Gouvernement a décrété que la population devait observer deux jours sans viande par semaine, le lundi et le vendredi. Des annonces sont parues dans le journal pour du poisson en conserve, de la viande en conserve et du « corned-beef. »

Mon voisin qui travaillait à Cheyres et passait le col tous les jours a raconté à Madame :

« Le nombre de chamois sur le col diminue, je n'en vois plus qu'une douzaine. Pourtant, ce n'est pas la saison de la chasse. Je ne serais pas étonné qu'il y ait un peu de... braconnage pour compenser le manque de viande pour nourrir les familles. »

Moi, je ne savais toujours pas à quoi ressemble un chamois.

Le Bien du soldat

Le canton de Fribourg est venu en aide aux soldats dont les familles avaient été privées de leur gagne-pain. L'édition de La Liberté du 18 août 1919 nous a appris qu'un organisme a été créé, le Bien du soldat, et que sept millions de francs ont été attribués aux soldats et à leurs familles ; de plus, une loterie a été organisée pour récolter des fonds. Cette année-là, en observant ma salle à manger, j'ai remarqué que les fêtes de la Bénichon et du Recrotzon étaient célébrées avec frugalité et un menu amaigri. Les soldats rentrant du service militaire avaient la priorité pour les emplois, en nombre insuffisant toutefois. Le Conseil fédéral tentait de dissuader les jeunes de rejoindre la vague d'émigration vers l'Amérique du Nord et l'Australie, en expliquant que les choses iraient mieux et que notre pays pourrait leur assurer un bel avenir.

Il y eut de nombreux bombardements accidentels en Suisse pendant la guerre, et l'idée que des avions survolaient mon toit me rendait toujours nerveuse. Le dimanche après-midi, à 15 heures, une escadrille d'avions a soudainement surgi au-dessus de la crête du Jura. Dans la brume, je n'ai pu voir aucune marque indiquant à quel pays ces avions appartenaient. Le journal du lundi matin nous a appris qu'il s'agissait d'avions français : neuf Breguet et six Spads stationnés à Nancy. Leur plan de vol prévoyait un déplacement de Nancy à Lausanne, mais ils avaient été contraints d'atterrir près de Belfort en raison d'un épais brouillard. Lorsque le brouillard s'est levé, ils ont atterri à la Blécherette. J'ai supposé que je dusse m'habituer aux avions au-dessus de mon toit.

Le Festival de musique

Lorsque nous sommes sortis de ces tumultueuses années de guerre, l'année 1920 commençait. Notre journal était rempli d'annonces de naissances à la suite du retour des soldats et d'avis de décès dus à des maladies et des blessures qui n'avaient pas guéri. D'autres nouvelles parlaient de la maladie de la fièvre aphteuse chez les vaches de la région et des décrets obligeant les magasins, à l'exception des boulangeries et des laiteries, à fermer toute la journée du dimanche. La distribution du courrier le dimanche était supprimée également. Les affaires reprenaient et de nouvelles entreprises sont apparues autour du lac. À Yverdon, les premières machines à écrire sont sorties de l'usine Hermès. Quarante ans plus tard, elle deviendrait le troisième exportateur mondial de machines à écrire.

Les souvenirs des douloureuses années de guerre s'estompaient déjà. Il y avait tellement d'activités autour de moi que j'avais du mal à suivre. À mon plus grand plaisir, la vie culturelle animée du Casino était revenue en force ; je pouvais voir les gens aller et venir chaque soir. Selon les spectateurs, Le testament de César Girodet était l'une des œuvres les plus réussies à ce jour. Sur l'avenue de la Gare, un autre événement passionnant s'est déroulé : le canton de Fribourg avait choisi notre ville pour son Festival annuel de musique les 5 et 6 juin. Bien entendu, je n'ai pas pu assister aux concerts, discours et banquets en ville. J'ai résolument attendu que le défilé arrive à l'avenue de la Gare ou je me trouve aux premières loges.

Les soldats en uniforme ont été les premiers à passer, suivis par le comité d'organisation, les chorales de la plupart des villages, les enfants en tenue de sport et notre propre groupe, la Persévérance. Mes préférés étaient les Armaillis de la Gruyère : des hommes robustes et barbus en bredzon, leur tenue traditionnelle, des vestes bleues avec des edelweiss brodés sur les revers, un capet (petite calotte ronde) et un loyi, un sac en cuir décoré porté en bandoulière contenant du sel pour les vaches et à la main, une canne de marche. Leur costume est unique et distingue ces fiers montagnards qui habitent la Gruyère.

Déjà en 1840, on pouvait les voir porter leur bredzon dans les peintures appelées poya qui présentent le rituel de la montée à l'alpage. Devant, marchent les vaches, sonnailles au cou, suivies des génisses, du taureau et du petit bétail. Le maître armailli et ses aides dirigent les opérations. J'ai entendu dire que les bourgeois de la Gruyère avaient commencé à porter ce costume à l'église et que le magasin de Bulle qui le vendait n'arrivait pas à suivre la demande.

Le défilé est passé trop vite et s'est terminé avec le chœur d'hommes de Fribourg, suivi de toute la population de la ville. La fête de la musique a été un événement merveilleux dont je me souviendrai longtemps. Les derniers participants du défilé qui passait devant moi, le public ne les voyait pas, sauf moi; il s'agissait des balayeurs de rue, avec leurs chariots, leurs pelles et leurs balais.

Institut du Sacré-Cœur - encore un drame !

Au milieu de cette période d'activités joyeuses, un désastre est arrivé. Il était six heures du matin quand une ambulance de la Croix-Rouge est arrivée à l'Institut du Sacré-Cœur, suivie de deux autres et d'une foule de personnes et de voitures. Les nouvelles, lorsqu'elles me sont parvenues, étaient tragiques. Cinq personnes avaient été tuées dans un terrible accident survenu à l'école. Un réparateur travaillant sur le chauffage central dans l'aile du sous-sol du bâtiment avait accidentellement fermé la ventilation de la chaudière, produisant une grave fuite de monoxyde de carbone pendant la nuit. Trois des ouvriers qui dormaient à l'étage au-dessus de la chaudière avaient été asphyxiés, ainsi que deux domestiques. Malgré une respiration artificielle prolongée pratiquée par le personnel et deux médecins, les victimes n'avaient pu être ranimées.

Heureusement, les chambres des élèves et des professeurs étaient situées aux étages supérieurs du bâtiment principal, ce qui a permis d'éviter l'impensable. L'effroyable accident a été découvert tôt le matin. L'une des victimes a dû remarquer que quelque chose n'allait pas pendant la nuit, car son corps a été retrouvé dans les escaliers menant à la chaufferie envahie par le gaz. Une autre, qui avait tenté en vain d'ouvrir une fenêtre, a été retrouvée gisant sur le sol de sa chambre. La ville entière était sous le choc et a adressé ses sincères condoléances à l'Institut du Sacré-Cœur. Quelle tristesse ! Il a fallu plusieurs jours pour que notre population reprenne ses activités habituelles.

La première émission de Radio Suisse

Le Journal a publié beaucoup d'articles enthousiastes au sujet d'un nouveau média dans notre pays, la TSF (Télégraphie Sans-Fil ou radio) qui fascinait tout le monde. Le 14 février 1922, on pouvait écouter la première émission de Radio Suisse. Roland Pièce, un passionné de la première heure, s'était procuré un émetteur à Paris pour l'installer au Champ-de-l'Air, à Lausanne. Il réservait une surprise aux invités d'un banquet à l'Hôtel Beau Rivage le 26 octobre 1922 : ils entendaient de la musique, alors qu'aucun orchestre n'était présent dans la salle !

Les concessions de réception passèrent d'un millier vers la fin de 1923 à plus de 100'000 en 1930, et cela malgré des défauts évidents : de longs exposés difficilement compréhensibles et des parasites qui empêchaient souvent de jouir pleinement des émissions musicales et théâtrales. Les programmes radiophoniques reprenaient des formes connues : concerts, opéras, pièces de théâtre, informations, exposés, sermons ou lectures.

Madame et mes garçons étaient ravis de notre poste de radio et le montraient à tous leurs amis et visiteurs ; c'était un meuble de taille moyenne avec des cadrans à l'avant et des tubes au sommet. À l'époque, je ne me rendais pas compte de l'impact que la radio allait avoir sur nos vies ! La radio à tube offrait une qualité de son supérieure et une meilleure réception sur de plus grandes distances.

Par la radio, nous avons appris que la tuberculose inquiétait la population en France ; c'était un problème pour nous aussi. D'après les nécrologies publiées dans notre journal, il y avait au moins un décès par jour dans le canton de Fribourg. Afin de faire face à ce fléau, de nouveaux sanatoriums se sont ouverts, les bâtiments désinfectés et, dans les écoles, on enseignait les précautions à prendre.

Le Journal nous a rappelé que la Fonderie Arnoux était l'une des industries les plus florissantes de la ville. Dans une interview, le maître fondeur a révélé son projet de refondre une nouvelle cloche de 42 quintaux, soit 4200 kg, pour l'église de Cormondes, car l'ancienne s'était fêlée en sonnant l'armistice à la fin de la guerre. L'émotion avait peut-être été trop grande... Il y aurait une grande fête à Cormondes lorsque la nouvelle cloche serait inaugurée.

1924 – Stavia et Bellevue

Pour moi, c'était une joie de voir l'Hôtel Bellevue reprendre vie. Un grand tableau noir devant la porte d'entrée décrivait le menu du dimanche, un repas gastronomique comprenant du poisson frais du lac, des asperges, de l'agneau, de la salade, du fromage et une tarte aux fraises, le tout pour 5 francs. La guerre avait vidé les hôtels partout en Suisse. La clientèle parisienne de l'Hôtel Bellevue n'est jamais revenue après la guerre. L'activité qui animait l'avenue de la Gare avant la guerre n'était plus aussi vibrante, dommage ! La Direction publiait régulièrement des annonces proposant des séances de cinéma et des spectacles à l'intention des habitants de la région.

Je m'inquiétais pour l'avenir de mon élégant voisin, inutilement en fait ; une solution pratique a été trouvée. Grâce à sa gestion dynamique, l'Institut Stavia augmentait le nombre de ses étudiants d'année en année, car la stricte discipline catholique et l'attention personnelle intense accordée aux élèves avaient permis d'atteindre un niveau académique très élevé. C'est pourquoi les parents suisses allemands des cantons catholiques confiaient leurs fils à l'Institut. Le nombre d'étudiants dépassait alors les capacités d'accueil disponibles. Certains élèves étaient même logés dans des maisons privées du quartier.

À la fin du mois de septembre 1924, mon journal

m'informait que l'Institut Stavia avait acheté l'Hôtel Bellevue avec tout son mobilier. Pour mon plus grand bonheur,
une intense activité se déroulait devant mon portail. La
similitude des deux structures a permis à l'Institut de s'installer rapidement et d'ouvrir son trimestre d'automne en
octobre avec cent étudiants. Les deux bâtiments de l'Institut, reliés par l'avenue de la Gare, grouillaient d'élèves
et un flot constant de jeunes hommes chargés de livres
passait tous les jours devant mon portail.

Les élèves n'étaient pas les seuls à animer l'avenue
de la Gare, car depuis la fin de la guerre le nombre de
voitures avait augmenté de façon spectaculaire, surtout
dans mon quartier en raison de la présence de la gare.
Passionné d'automobiles, notre jardinier nous indiquait
les différents modèles qui passaient.

« C'est une Amilcar, » disait-il à son assistant en vo-
yant passer un véhicule jaune vif. Dans notre journal, il y
avait des annonces de voitures d'occasion et des rapports
de police sur des voitures volées. Afin de faire face de
cette évolution, les rues près du château avaient déjà été
pavées. Le Conseil municipal a annoncé que les propriétaires désireux de faire paver les rues qui les entouraient
devaient consulter les plans établis à la Grenette. J'ai supposé que les rues qui m'entouraient seraient améliorées
rapidement en raison de leur proximité avec la gare tout
en espérant que nos autorités conserveraient les anciens
pavés de la vieille ville au lieu de l'asphalte.

Le schéma des événements annuels que j'avais observé
pour la première fois à l'âge de trois ans s'est répété dix
fois et j'ai remarqué des choses qui m'avaient échappé

auparavant. Par exemple, la nourriture de mes propriétaires n'était pas la même toute l'année : plus lourde en hiver et toujours chaude. À cette saison, ma famille appréciait la choucroute au jambon et aux saucisses, la raclette et la fondue au fromage, le pot-au-feu, la viande rôtie, les légumes et les röstis. Pour le Nouvel An, il y avait du foie gras et du saumon fumé et pour la fête de l'Épiphanie, le 6 janvier, un gâteau des rois était spécialement préparé avec une petite figurine en porcelaine à l'intérieur. La personne qui trouvait la figurine recevait une couronne en papier et était nommée roi ou reine pour la journée.

Au printemps et en été, il y avait souvent du poisson frais de notre lac, des petits filets de perche, une spécialité locale, des salades et des légumes provenant de notre jardin. En juin, nos arbres produisaient de merveilleuses cerises que notre cuisinier transformait en tartes et en clafoutis. L'été était la saison des pique-niques et des glaces.

À l'approche de la célébration du 1er Août, fête nationale suisse, la population mangeait des cervelas et des saucisses blanches de veau servis avec de la moutarde dans les rues de la ville. La fête de la Bénichon était un énorme festin avec du jambon, du gigot d'agneau, des poires à Botzi et un pain léger appelé cuchaule, connu déjà en 1558, tartiné de beurre et d'une moutarde douce spéciale, servie uniquement à cette occasion et uniquement dans le canton de Fribourg. Le dessert se composait d'une meringue avec de la crème double de Gruyère et des bricelets, un biscuit plat ou roulé avec un motif à sa surface. Une semaine plus tard, le Recrotzon permettait de manger les restes.

Des faux billets de cinq francs

Madame a demandé à nos domestiques qui faisaient les courses au marché de se méfier des faux billets de cinq francs. Nous avions été avertis que le gouvernement allemand avait arrêté à la frontière une bande de faux-monnayeurs qui avaient imprimé 7000 faux billets et les avaient mis en circulation. Les billets de cinq francs étaient parmi les plus fréquemment utilisés pour les achats en ville ; il était demandé à chacun de les examiner attentivement et de ne pas accepter de billets pliés.

Dès la fin de l'année 1924, notre économie commençait à se redresser. Je le constatais à voir les très nombreuses pages de publicités pour des cadeaux de Noël dans notre journal. La tannerie locale proposait de superbes fourrures de sconse, opossum, renard, écureuil gris, marmotte et de peau de chat pour soigner les rhumatismes. Parmi les produits fabriqués dans la région, on trouvait des machines à écrire Hermès à Yverdon, des horloges à Neuchâtel, des boîtes à musique à Sainte-Croix, et des montres au Locle et à la Chaux-de-Fonds.

Le Moulin agricole

L'édition du matin de notre Journal publiait une lettre ouverte à la population l'informant que les actionnaires du Moulin agricole avaient voté la construction d'un nouveau moulin près de notre gare. Ils évoquaient la croissance rapide de leur activité et précisaient que le bâtiment actuel ne répondait plus aux normes modernes et ne pouvait être modifié. De plus, le coût du transport augmentait et serait considérablement réduit en rapprochant le moulin de la gare. Le Journal pensait que c'était bon pour la ville et le développement de la gare. Je n'étais pas trop d'accord ! Je voyais que notre quartier changeait, et je regardais avec nostalgie l'époque d'avant la guerre où les dames et les messieurs de Paris se promenaient sur l'avenue de la Gare. Je craignais que notre quartier ne se transforme en zone industrielle, tout en reconnaissant le mérite des responsables du Moulin agricole d'avoir choisi une façade traditionnelle qui rendait le bâtiment attrayant et l'intégrait bien dans le décor du quartier de la gare.

La nouvelle année 1925 a été marquée par un coup d'éclat ou plutôt par une secousse. Un jour de janvier, à 3 h 46 du matin, le sol sous mes pieds a commencé à trembler. J'ai ressenti une forte vibration et, quelques minutes plus tard, une grande secousse. On a remarqué ce phénomène dans tout le district, mais particulièrement dans mon quartier. C'était le tremblement de terre le plus grave depuis 1916, quand j'avais imaginé que nous étions bombardés. J'espérais seulement que ce n'était pas un mauvais présage pour la nouvelle année.

Je constatais que beaucoup de choses autour de nous venaient maintenant des États-Unis. Le calendrier de ma cuisine comportait une photo de dames élégantes buvant du Coca-Cola. Sur notre gramophone et sur notre radio nous entendions *Rhapsody in Blue* et *Tea for two*. L'Illustration de Paris montrait des postes de radio de plus en plus sophistiqués, des aspirateurs électriques et un ingénieux lave-vaisselle mécanique : on plaçait la vaisselle dans une boîte, on versait de l'eau et en tournant une manivelle, des palettes nettoyaient la vaisselle. J'étais sûre que nos domestiques faisaient un meilleur lavage à la main.

L'essor de la photographie

La photographie faisait maintenant partie de notre vie de tous les jours. Des catalogues et des brochures nous parvenaient par la poste depuis d'autres pays, présentant toutes sortes de produits à des prix avantageux. Nos domestiques aimaient les regarder, ce qui me permettait de les voir aussi. Les autorités locales ont averti la population qu'il était imprudent de commander des choses par correspondance ; les produits n'étaient souvent pas disponibles au prix indiqué et la qualité était douteuse. Les entreprises locales en revanche comprenaient nos désirs et nos besoins et pouvaient aisément échanger ou réparer les marchandises. Il était donc recommandé d'acheter localement pour soutenir les entreprises de notre communauté, sinon elles ne survivraient pas.

Le nouveau Musée

J'approuvais ces conseils, mais c'était tout de même intéressant de regarder les catalogues. Madame en feuilletait un lorsqu'une amie du comité du musée nouvellement créé est venue prendre le thé. L'ouverture du nouveau musée, installé en ville dans un magnifique bâtiment datant du Moyen Âge, était prévue le dimanche à 11 heures. Cette dame débordait d'enthousiasme.

« Vous avez entendu parler de M. Hubert de Boccard, n'est-ce pas ? »

Moi, non. Je ne le connaissais pas. Madame non plus.

La dame du comité a poursuivi avec ferveur :

« Il est mort à Fribourg en 1908. C'était un personnage haut en couleur, originaire de notre ville et qui y est resté attaché. Il a été au service du roi de Naples, puis vigneron et chercheur d'or en Australie et en Nouvelle Zélande. En 1870, il s'est occupé des réfugiés français de l'armée de Bourbaki. Par une journée agréable, on pouvait le voir déambuler dans la rue principale, une grande et imposante silhouette avec une longue barbe, souriant et discutant avec des amis d'enfance. Dans son testament, il a légué sa collection de 130 armes médiévales à la Ville d'Estavayer : des armures, des casques, des épées, des hallebardes, des pistolets, des fusils à silex, des tableaux et un fauteuil. Que des objets d'excellente qualité et certaines pièces extrêmement rares. »

Mme Ellgass, un pilier de la société locale, avait également fait don de sa collection d'objets historiques à la ville. Nos autorités locales parlaient depuis un certain temps de l'ouverture d'un musée, et maintenant cela pouvait devenir réalité. Dans le journal, le syndic a remercié le comité pour son travail et encouragé la population à faire don au musée de ses objets ayant une valeur historique. J'étais fière que notre ville ait désormais son propre musée, tout comme le Louvre de Paris que j'avais vu dans le magazine *l'Illustration*, enfin... en plus petit, bien sûr.

Grâce à ma servante préférée, celle qui laisse toujours traîner des magazines et des journaux malgré toutes les tentatives de lui apprendre l'ordre, j'ai vu un article troublant dans *L'Illustration*. Il mentionnait certains hommes inquiétants qui s'étaient manifestés durant l'année 1925. Benito Mussolini avait pris le contrôle de l'Italie et l'avait transformée en dictature en mettant fin aux élections libres. Le maréchal Hindenburg avait été élu président de l'Allemagne et Adolf Hitler avait publié le manifeste national socialiste *Mein Kampf.* Nous n'avions pas oublié que ces mêmes pays voisins avaient déclenché la Grande Guerre il y a à peine dix ans. Compte tenu des morts, des souffrances et de la destruction qu'elle avait causées, ils n'allaient certainement pas recommencer la même chose, n'est-ce pas ?

Grâce aux journaux, il était impossible de manquer le premier vol transatlantique, un exploit réalisé par Charles Lindbergh le 20 mai 1927. Son monoplan appelé *Spirit of St. Louis* a décollé de New York et est arrivé à Paris 33 heures plus tard. Lindbergh n'avait que 25 ans. Avant lui, plusieurs pilotes avaient essayé la même traversée ; la moitié d'entre eux avaient trouvé la mort.

Panique! L'incendie à côté de chez moi

Des événements internationaux tels que ceux-là ont été immédiatement oubliés dans le désarroi de la catastrophe qui s'est produite dans notre quartier. Je n'oublierai jamais le matin du 16 août 1927. Notre faubourg était à peine réveillé quand les murs de mon côté nord ont ressenti une chaleur anormale pour le matin. Une lumière orangée est apparue dans cette direction et n'a cessé de s'intensifier. Soudain, l'horreur : d'énormes nuages noirs de fumée s'échappaient de la maison voisine et j'ai compris que l'habitation de mon voisin, la famille Chanez, était en feu. Leurs bâtiments de stockage étaient remplis de bois sec brut et de planches travaillées.

Des gens sont apparus de partout, criant, portant de l'eau et des pelles. Tout le monde dans notre maison et dans le quartier essayait d'aider à éteindre le feu. Même si les pompiers sont arrivés presque immédiatement et ont versé d'énormes quantités d'eau, le feu était trop violent pour être éteint. Les flammes ont enveloppé toute la maison et, bientôt, tout s'est embrasé.

J'ai regardé avec consternation le toit s'effondrer lentement et toute la charpente s'écrouler ; il n'est resté que le sous-sol. Des étincelles volaient partout et j'étais terrifiée à l'idée de prendre feu moi aussi... Heureusement, le vent venait de l'ouest, ce qui a éloigné le danger. J'avais du mal à imaginer ce que c'était que d'être consumé par le feu. Ce doit être une expérience horrible et cela m'a rappelé l'incendie de l'Institut du Sacré-Cœur en 1911 qui m'avait laissé une forte impression.

L'incendie de la maison Chanez avait été déclenché par des enfants qui jouaient avec des allumettes dans le grenier de l'immeuble. J'avais beaucoup de peine pour les Chanez et je ne souhaitais pas avoir de nouveaux voisins. J'espérais de tout cœur que M. Chanez reconstruirait sa maison ; il l'a fait et à la vitesse de l'éclair ! Quelques jours plus tard, les débris avaient été enlevés, et la construction de nouveaux bâtiments n'a pas tardé.

Dans le même numéro du Journal décrivant l'incendie, l'annonce suivante a été publiée :

Matériaux de construction et combustibles
Jules Chanez, Estavayer, avise ses estimés et
fidèles clients qu'à partir d'aujourd'hui il peut
livrer toute sa gamme de produits.
Le téléphone est réinstallé.
Numéro 54.

Un bâtiment agricole dans le village voisin de Cheyres et un bâtiment à Monthey ont également brûlé cette année-là. Les autorités communales et le service de lutte contre les incendies faisaient ce qu'ils pouvaient pour combattre le feu. Ils ont organisé une démonstration d'un nouvel appareil appelé extincteur fabriqué par Brulex ; au cours de la démonstration, malgré un fort vent du nord, l'extincteur a immédiatement éteint un lit de braises ardentes. Les personnes qui ont assisté à l'événement ont été convaincues que cet appareil était capable d'arrêter un début d'incendie.

Pour prévenir les risques, l'assurance incendie de notre canton a recommandé aux agriculteurs d'installer des sondes de température dans leur ensilage, afin d'éviter les départs de feu par combustion spontanée. Pour les aider dans cette démarche, elle a proposé de subventionner un tel achat. Le feu est la chose qui me fait le plus peur. Il n'y a pas grand-chose pour l'arrêter une fois qu'il a démarré. Heureusement, la plus grande part de ma structure est faite de pierres, de briques et de maçonnerie, ce qui me protège dans une certaine mesure.

Les automobiles, puis les avions

L'autre nouveauté dans le quartier était l'extraordinaire automobile de M. Bovet en face de chez moi, sur la route Saint-Pierre. Marchand de bétail, il a acheté une Martini 4 cylindres TF sur laquelle il a installé un support en bois pour transporter les porcs vivants au marché hebdomadaire. Le support devait être très lourd, car j'ai remarqué qu'il fallait quatre hommes forts pour le soulever. Le dimanche, le support était enlevé et la voiture se transformait en voiture de tourisme à 6 places pour emmener la famille à l'église.

Le temps passe et même si je surveille mes petits garçons de près, je n'ai pas remarqué qu'ils étaient devenus de galants jeunes hommes. Ils étaient souvent absents pour poursuivre leurs études et leurs activités. Je me sentais bien seule lorsqu'ils n'étaient pas dans leur chambre ! Maintenant, mon intérieur était beaucoup plus calme qu'auparavant. L'aîné des garçons a quitté la maison pour prendre un poste à l'État et le plus petit a passé son baccalauréat en administration des affaires. J'ai été heureuse d'apprendre qu'un de mes garçons allait rester avec moi et étudier la médecine à l'Université de Fribourg. Notre journal a félicité les garçons pour leur réussite scolaire.

Le quartier s'agrandissait, les alentours de la gare se remplissaient d'usines et d'entrepôts. À Payerne, des pistes ont été construites à l'aéroport, le rendant utilisable pour des avions militaires, dont nous espérions ne pas avoir besoin.

Une nouvelle maison était en cours de construction de l'autre côté de la route St- Pierre ; naturellement, j'étais curieuse de voir à quoi elle ressemblerait. C'était intéressant d'observer sa progression. Les charrettes de terre transportées par les chevaux me rappelaient mes propres débuts. C'était une structure à colombages, avec une maçonnerie blanche et des lattes de bois foncé traversant les murs, ce que je n'avais jamais vu auparavant. Évidemment j'entendais beaucoup de commentaires sur ce nouveau voisin. J'ai appris qu'il s'agissait d'une famille de la région de la Gruyère où ce style de maison appelé « à colombage » était populaire.

Les Catherinettes

Au fil de mes 20 ans d'existence et considérée comme majeur, j'avais beaucoup appris et je m'étais familiarisée avec la plupart de nos coutumes locales. Notre ville était la seule du canton à célébrer encore les Catherinettes, un rituel du XVe siècle. Une fille du quartier s'est arrêtée pour montrer à Madame sa nouvelle cape noire et lui expliquer la coutume. La veille du 25 novembre, à la tombée de la nuit, un groupe de jeunes filles célibataires de moins de 25 ans serpente dans les rues de la vieille ville. Elles sont vêtues de capes noires avec capuchon ; chacune saisit l'ourlet de la cape de la fille qui la précède, formant ainsi une longue procession ininterrompue. Elles s'arrêtent sous les fenêtres des femmes célibataires de plus de 25 ans, celles considérées alors comme des *vieilles filles*. Les participantes se mettent en cercle pour chanter la complainte de Sainte Catherine d'Alexandrie, martyrisée parce qu'elle avait refusé le mariage imposé par son père. Un autel de la Collégiale de la ville lui est dédié. Les dames jettent des bonbons par la fenêtre pour les chanteuses. Alors que seuls les hommes participent à la procession du Surrexit, seules les jeunes femmes participent au Cercle des Catherinettes.

La célébration de la Sainte Catherine annonçait le début de l'hiver et bientôt ce fut Noël. Tous les membres de la famille sont rentrés à la maison pour les Fêtes. Après le triste événement de l'incendie chez mon voisin, nous attendions une année plus heureuse dans notre quartier.

Une très mauvaise année

Toutefois, le calendrier 1929 s'est détaché du mur de ma cuisine et est tombé par terre ; la photo du mois de janvier représentant l'hydravion S-55 utilisé lors du récent vol vers le pôle Sud se trouvait plaquée sur le sol de ma cuisine et il fallait attendre que quelqu'un vienne la remettre sur le mur. J'espérais que ce n'était pas un mauvais présage.

Tout s'est déroulé normalement jusqu'en juillet, lorsqu'un terrible cyclone s'est abattu sur toute la région. Une averse de grêle et de pluie a balayé mon toit et créé des flaques d'eau dans mes allées. Les rues se sont transformées en torrents et l'avenue de la Gare a été désertée. Le vent a arraché les branches de mes arbres et les volets de mes fenêtres. Ailleurs, les bâtiments des villages ont subi d'importants dégâts ; des récoltes entières ont été détruites, des granges aplaties, des arbres déracinés. Une collecte a été faite pour les agriculteurs et les autres victimes de la tempête. Le Journal a demandé à tout le monde de contribuer à des fonds et d'aider ceux qui avaient tout perdu.

Une tempête d'un autre genre s'est produite un mardi d'octobre aux États-Unis : le krach de Wall Street, connu par la suite sous le nom de mardi noir. Il a été le plus grand effondrement boursier de l'Histoire. Les banques ont fait faillite et les entreprises ont fermé, déclenchant la Grande Dépression, qui a touché tous les pays industrialisés occidentaux. La pauvreté était généralisée et les soupes populaires nourrissaient une grande partie de la population. Ce désastre économique s'est poursuivi jusqu'au début de la Seconde Guerre mondiale. Comme la chute de mon calendrier l'avait auguré, 1929 fut, effectivement, une très mauvaise année.

Les années trente et l'exploration aéronautique

Le calendrier 1930 traitait d'un sujet plus léger : le dirigeable LZ127 Graf Zeppelin. Des publicités enthousiastes annonçaient des vols transatlantiques entre l'Allemagne et l'Amérique du Nord et du Sud. Par une belle matinée claire, j'ai eu la chance d'observer cet énorme dirigeable, alors qu'il passait au-dessus du lac de Neuchâtel. À 11 heures, il flottait en apesanteur au-dessus de notre ville, ses six puissants moteurs ronronnant à basse altitude. C'était un spectacle incroyable : 235 mètres de long et 33,5 mètres de large. Quelques petits avions volaient autour du colossal dirigeable comme des abeilles autour d'une ruche. Des excursions étaient programmées pour les jours où il serait dans notre région, mais à 1000 francs suisses le voyage (dîner inclus tout de même), ce n'était pas à la portée de toutes les bourses. Il se trouve que le pilote du dirigeable avait une fille à notre Institut du Sacré-Cœur, ce qui peut expliquer sa présence dans notre voisinage.

C'était le début des années trente et nous sommes entrés dans une période d'exploration aéronautique marquée par l'invention du moteur à réaction et de l'hélicoptère. La compagnie aérienne de passagers Air France a été fondée ; Auguste Piccard, le premier d'une dynastie d'explorateurs suisses et son assistant ont décollé en ballon d'Augsbourg, en Allemagne. Ils ont atteint l'altitude record de 15'781 mètres, devenant ainsi les premiers humains à pénétrer dans la stratosphère où ils sont restés seize heures ; non sans difficultés, ils ont finalement réussi à atterrir sains et saufs sur un glacier. Entretemps, ils avaient déjà été donnés pour morts. L'étude du Professeur Piccard sur la stratosphère, consacrée au rayonnement cosmique et à la couche d'ozone, a constitué une contribution importante à la science. Il a été félicité par des présidents et décoré par des rois ; il est même devenu un personnage de BD sous les traits du Professeur Tournesol dans les aventures de Tintin. Le Journal lui a consacré deux pages entières. Je ne le savais pas à l'époque, mais les aventures de la famille Piccard ne faisaient que commencer.

J'ai vécu mon propre mini-événement aéronautique, lorsque onze cigognes ont tourné au-dessus de mon toit à la recherche d'un endroit où se poser. Elles ont finalement choisi l'Institut du Sacré-Cœur et le toit du Couvent des dominicaines pour passer la nuit. Au petit matin, j'ai observé ces grands oiseaux majestueux s'envoler et disparaître au-dessus des remparts avec une grâce que les avions n'avaient pas encore acquise.

Les années trente ont été pour moi des années de changement. Madame et moi étions très fiers de nos garçons, qui étaient devenus des jeunes gens exceptionnels. Ils avaient tous réussi dans leur domaine de prédilection. La fiable voiture familiale leur permettait de faire de fréquents voyages, parfois jusqu'en France et en Allemagne. Malgré la dépression économique et le chômage endémique en Europe et aux États-Unis, une quantité de nouveaux produits sont apparus sur le marché. Dans mon Journal, je voyais défiler des publicités pour des stylos à bille, des rasoirs électriques, des bas en nylon, des photocopieurs et du ruban adhésif. Une cuisinière électrique a été installée dans ma cuisine et un lave-linge électrique dans mon sous-sol.

En première page du Journal, figuraient de bonnes nouvelles : les dépenses engendrées par le déploiement militaire pendant la guerre avaient enfin été remboursées et, au grand soulagement de la population, l'impôt de guerre a été supprimé.

Notre quartier a fait un pas de plus vers l'industrialisation en ajoutant deux nouveaux silos à grains au Moulin agricole, capable désormais de stocker 48 wagons de céréales. La direction du Moulin et les architectes se sont félicités de cette réussite et recommandaient aux boulangers et aux agriculteurs d'y acheter leurs céréales et leur farine. Avec la plus grande tristesse, j'ai dû me résigner au fait que mon quartier ne retrouve plus l'élégance de l'époque qui avait précédé la guerre.

Fin de l'industrie automobile suisse

La fermeture de notre constructeur automobile de St-Blaise, l'entreprise Martini SA, fut la triste nouvelle de 1934. Bien que mieux construites et plus performantes que les autres modèles, les voitures suisses étaient trop chères et le marché local trop petit. Notre pays fabriquait des montres complexes, des boîtes à musique et des pièces de machines de précision de haute qualité, il était donc naturel qu'il produise des automobiles du même calibre. Alors que les modèles européens et américains, moins chers et produits en masse, inondaient le marché, la qualité et le coût élevés des véhicules suisses condamnaient l'industrie à la disparition. Certains de nos ingénieurs, qui avaient influencé le développement de l'automobile, ont trouvé du travail ailleurs, comme Ernest Henry pour Peugeot en France et Louis Chevrolet, de la Chaux-de-Fonds, parti aux États-Unis ou il est devenu célèbre. L'entreprise Sauer, elle, a construit quelque 200 voitures avant de se tourner vers la production de camions ; elle a été la seule survivante à long terme de l'industrie automobile suisse.

Pendant ce temps, d'autres entreprises autour du lac allaient de l'avant. L'affinerie de métaux précieux, fondée en 1852, est devenue la première raffinerie suisse à figurer sur le London Bullion Market et à pouvoir échanger librement des lingots d'or sur le marché international. Connue plus tard sous le nom de Metalor, cette société a créé une division de recherche scientifique en 1938. Elle a acquis un premier microscope électronique, des instruments de contrôle métallographique avancés, ainsi que le premier four sous vide pour le traitement de l'acier. Pour le nouveau marché des alliages dentaires, Metalor a ouvert des filiales à Genève et à Zurich.

Les films parlants!

Dans mon quartier, le Casino-Théâtre bouillonnait d'activité, notamment grâce à une nouveauté qui jouissait d'une immense popularité : les films parlants. Mon journal décrivait le premier documentaire sonore qui a tenu la population en haleine ; c'était une présentation des actualités mondiales et une opérette. Le premier dessin animé sonore a suivi la projection, au grand plaisir des enfants qui ont pu regarder Mickey Mouse dans Mickey's Follies.

Le 18 janvier 1933 au théâtre, s'est déroulé un programme inhabituel dont tout le monde a parlé en ville. Ce jour-là, la troupe de M. Glauer, forte de 17 nains hommes et femmes, a joué La Belle au Bois Dormant. Cette troupe de théâtre itinérante avait joué à guichets fermés en Amérique, au Canada, au Mexique et à Cuba. Des danseurs de ballet, des jongleurs, des acrobates, des boxeurs, des chanteurs et des musiciens figuraient parmi les talentueux interprètes, tous vêtus de riches costumes. De magnifiques décors de scène avaient été érigés pour servir de toile de fond à leur spectacle. Ils sont restés deux jours dans notre ville et ont donné une représentation spéciale de Blanche-Neige pour nos enfants. La Compagnie des Lilliputiens était quelque chose d'unique et ne serait plus jamais vue dans notre région.

Une longue file d'attente attendait pour entrer dans le casino en octobre. Je pouvais la voir de mes étages supérieurs et je me suis demandé ce qui avait attiré tant de monde ; j'ai découvert que c'était un film avec Shirley Temple. Chaque semaine, cette petite fille talentueuse attirait plus de familles au Casino que toute autre projection. Avec ses bonnes manières, sa gentillesse et sa santé éclatante, cette jeune fille nous inspirait tous ! Le Journal a dit qu'il était incroyable qu'un si grand talent puisse être contenu dans une si petite enfant. En fin de spectacle, les avant-premières ont annoncé le prochain film Le Vagabond avec Charlie Chaplin.

Sous le titre Miracle à Lourdes, le Journal d'Estavayer a rappelé à ses lecteurs, dont je faisais partie, la conférence donnée à la Maison des Œuvres en face de l'église le dimanche 22 avril. Gabriel Gargam, dont la guérison soudaine et miraculeuse avait soulevé l'enthousiasme pour son cas extraordinaire, y prendrait la parole. Voici comment le Journal a présenté le miracle :

Le 17 décembre 1899, le déraillement d'un train où il était postier projeta Gabriel Gargam à 18 mètres. Il atterrit dans la neige, les jambes totalement paralysées et engourdies au point qu'il ne pouvait pas sentir la chaleur d'un fer à repasser. La gangrène se mit à décomposer ses pieds, rendant impossible tout mouvement pendant 20 mois, suivi d'une perte de poids drastique jusqu'à ce qu'il ne pèse plus que 36 kg. En désespoir de cause, sa mère le persuada de participer à un pèlerinage à Lourdes. Alors qu'il était transporté sur son brancard avec un linge sur le visage, il rencontra une procession du Saint-Sacrement. L'évêque fit une pause et bénit le malheureux. Immédiatement, il s'agrippa aux côtés de la civière et lutta pour se lever. On l'emmena à l'hôpital où tout le monde fut stupéfait de le voir manger un repas copieux, après quoi il se leva et sortit. Il donnera tous les détails de sa guérison miraculeuse lors de la conférence de dimanche.

L'entrée coûtera un franc par personne et Gabriel Gargam espère que les auditeurs seront nombreux.

La première course à pied Morat-Fribourg

Des films et des pièces de théâtre au Casino attiraient des spectateurs non seulement de notre ville, mais aussi des villes environnantes. À la fin juin, le fils d'une connaissance de Madame habitant à Morat s'est arrêté pour la voir, après l'une des représentations au Casino. Lorsqu'elle lui a demandé des nouvelles de Morat, il a répondu ainsi :

« J'ai participé à une course à pied de Morat à Fribourg cette semaine, première du genre dans le pays. Elle a été organisée pour commémorer la victoire des Confédérés sur l'armée de Charles le Téméraire de Bourgogne. La course à pied retrace l'itinéraire parcouru par un messager pour annoncer la victoire. »

« C'était en 1476, n'est-ce pas ? » a demandé Madame.

« Oui et, selon la légende, après avoir annoncé la victoire, il s'est effondré d'épuisement et est décédé. La branche de tilleul qu'il avait emportée a été plantée sur la place de l'Hôtel de Ville en plein centre de Fribourg. »

Madame était très enthousiaste à propos de la course et voulait connaître tous les détails. Moi j'avais hâte de savoir si le jeune homme avait gagné ou pas. J'espérais bien que quelqu'un le lui demanderait.

« Il fait très chaud pour courir en juin. » poursuivit le

jeune homme. « J'espère que l'année prochaine, la course aura lieu en automne !»

Finalement, Madame lui a demandé : « Et tu as gagné la course ? »

« Non. C'est Alexandre Zosso de Bâle, qui l'a gagnée en parcourant les 16,4 kilomètres en une heure. Nous étions 14 en tout. J'espère la gagner l'année prochaine. »

Il ne pouvait pas le savoir à l'époque, mais ce jeune homme avait participé à la naissance d'un événement historique : la course à pied Morat-Fribourg est devenue l'une des compétitions les plus populaires dans son genre et parmi les plus renommées de Suisse. À partir de 1936, la course était agendée en octobre. En 1985, plus de 16'000 coureurs y ont participé.

Quelques événements divers

Le calendrier 1936 sur le mur de ma cuisine annonçait les Jeux olympiques à Berlin en Allemagne ; la capitale allemande avait été désignée pour la seconde fois comme pays organisateur, mais les Jeux de 1916 avaient été annulés en raison de la Première Guerre mondiale. Dans le contexte du moment, les JO de Berlin ont rapidement pris une signification politique. Plusieurs pays ont demandé leur boycott et organisé des Jeux alternatifs, les Olympiades populaires.

Par la radio, j'ai appris la réélection de Franklin Roosevelt à la présidence des États-Unis et la nomination d'Adolf Hitler au poste de Chancelier en Allemagne. Ces événements se déroulaient bien loin de l'avenue de la Gare et je ne pensais pas qu'ils nous concernaient.

J'étais plutôt préoccupé par les problèmes locaux. Cette année-là a été marquée par un coup de Joran d'une force inouïe ; je connaissais bien ce vent traître, mais ce degré d'intensité était rare. Heureusement, je m'en suis sortie avec seulement quelques tuiles envolées et j'étais fière d'avoir gardé ma famille en sécurité entre mes solides murs ! Le bateau à vapeur Hallwyl n'a pas pu entrer dans notre port et a été contraint de retourner sur le lac pour éviter de se fracasser contre les rochers le long de la jetée. Il s'est réfugié de l'autre côté du lac à Vaumarcus avant de finalement regagner son port d'attache. En outre, plusieurs bateaux se sont détachés de leurs amarres et ont été sérieusement endommagés. À l'intérieur des terres, les entreprises d'exploitation forestière ont commencé à coúper le bois des six mille mètres carrés de forêt rasés par le vent. Dieu merci, je n'étais pas touchée et n'ai pas perdu un seul arbre !

Ma famille, fervente catholique, recevait souvent des membres du clergé dans mes salons. Un sujet de conversation fréquent était les gardes suisses du Vatican. Nous nous y intéressions particulièrement, car ces jeunes gardes étaient souvent issus de familles du district de la Broye. Un visiteur du Vatican nous a dit que le Colonel Repond quittait son poste après dix ans de service ; il avait réorganisé la Garde suisse, la transformant en une petite armée d'élite. Il a instauré une discipline militaire rigoureuse, des armes modernes, dont des mitrailleuses, et un dépôt de munitions. Les pittoresques uniformes rayés, supposément conçus par Michel-Ange, ont été repris pour les gardes, lesquels sont maintenant debout à 5 h 30 pour des exercices tactiques. Il est regrettable que le Colonel Repond quitte son commandement, apparemment en raison de la difficulté de ses gardes à s'adapter à ses exigences strictes. J'étais impatiente d'entendre ce que les gardes de retour chez nous avaient à dire à ce sujet.

Peut-être vous ai-je donné la fausse impression qu'il n'y a que des catholiques romains dans notre ville ; la majorité de la population est en effet catholique, mais nous possédons aussi un temple protestant. Depuis 1855, le pasteur rassemblait la communauté Protestante à l'église de l'hôpital. Mais cela allait changer. Cette semaine, un article annonçait la pose des fondations d'un nouvel édifice, juste à l'intérieur des remparts derrière l'Hôtel de la Fleur de Lys ; si tout se passe bien, l'inauguration est prévue pour 1937. La doctrine religieuse protestante est basée sur la théologie de Zwingli, de Calvin et d'autres réformateurs des années 1500. Depuis 1920, les différentes Églises réformées sont regroupées au sein de la Fédération des églises protestantes suisses. J'ai hâte de voir le clocher de l'église protestante parmi les autres toits visibles de mon deuxième étage.

Dès ma construction, j'ai commencé à observer les toits de la ville et j'ai remarqué quelque chose qui m'a laissé perplexe. Un drapeau blanc qui apparaissait périodiquement sur la tour du donjon du château. Je me suis souvent interrogée sur sa signification. Comme je l'ai déjà mentionné, il faut parfois beaucoup de temps pour qu'une information me parvienne ! Un article du Journal m'a apporté l'explication de ce drapeau : depuis la guerre et la dépression économique, la criminalité avait beaucoup augmenté et les prisons de notre château étaient occupées la plupart du temps. En fait, l'espace manquait souvent. Pour la première fois cette année, les prisons étaient vides. Or, lorsque cela se produisait, un drapeau blanc flottait sur la tour du donjon. C'était agréable à voir, mais je doutais que cela dure très longtemps.

Mon agrandissement

L'année 1937 a été une année de bouleversements pour moi. Je savais que les bâtiments étaient souvent modifiés et agrandis, mais jusqu'à présent cela ne m'était jamais arrivé. Pour mon plus grand plaisir, mon architecte, Monsieur Devolz, était de retour dans mon salon. Il avait gardé la même prestance bien qu'il ait 27 ans de plus et des cheveux gris. Cela faisait longtemps qu'il n'était pas venu me rendre visite et il semblait heureux de constater que j'avais bien vieilli. Mais, après tout, je n'avais que 25 ans. Il était là pour discuter de la construction d'une annexe prévue du côté nord. Mon garçon, désormais médecin agréé, y installerait son cabinet médical.

Monsieur Devolz a accompli un travail remarquable pour intégrer l'annexe à ma structure principale. Les mêmes pierres de molasse verte ont été utilisées pour les colonnes d'angle et, comme pour ma façade principale, les murs étaient en maçonnerie blanche. Ainsi l'annexe donnait l'impression de faire partie du bâtiment d'origine. Le toit plat s'arrêtait juste au-dessus du bas d'un alignement des fenêtres et une rampe d'escaliers a été ajoutée depuis le parking jusqu'au premier étage pour y accéder.

La seule partie désagréable de l'opération a été les

ouvertures qui devaient être coupées dans mes murs d'un mètre d'épaisseur, afin de permettre le passage de l'annexe à la structure existante. Des portes étaient ainsi percées à côté de la cuisine, dans le bureau et au sous-sol. C'était une sensation angoissante d'entendre ces bruyantes scies coupant et traversant mon mur de maçonnerie, comme de sentir la bourrasque d'air et le nuage de poussière qui s'échappaient soudainement des ouvertures. Je n'étais pas particulièrement inquiète, parce que j'étais persuadée que Monsieur Devolz agissait pour mon bien. La porte d'une chambre de mon premier étage donnait maintenant sur le toit de l'annexe transformé en une terrasse de 100 mètres carrés. Il y avait une odeur presque insupportable de goudron fondu pendant la phase d'imperméabilisation ; heureusement elle s'est atténuée à mesure que le goudron refroidissait.

Monsieur Devolz a également conçu une petite maison de jardin bien aménagée à proximité de la nouvelle annexe. En cette paisible année 1937, nous n'imaginions pas que la petite maison de jardin nous aiderait à faire face à une pénurie de nourriture dans l'épreuve qui nous attendait.

Lorsque la construction de l'annexe a été terminée, la salle de consultation médicale a été carrelée et les meubles placés dans les différentes pièces. Cela réalisé, un grand avis a été publié dans le Journal pour annoncer l'ouverture du nouveau cabinet médical dans la Villa Saint-Pierre le 3 janvier 1938. Naturellement, avec le reste de la famille, j'étais fière de notre nouveau médecin ; j'étais également ravie de voir mon nom dans le journal ! Après des années passées à scruter les articles des journaux, c'était la première fois que je voyais mon propre nom imprimé.

À L'Institut Stavia

Dans notre quartier, l'Institut Stavia prospérait et sa renommée académique s'étendait dans tout le pays.

L'Institut Stavia
Photo de Jean-Pierre Grossrieder

Soudain, au cours de l'été 1939, l'Institut a fait la une de tous les journaux en raison d'un mystère passionnant. Il avait été victime de deux vols inexpliqués. En mai de l'année précédente, 1300 francs avaient disparu du bureau du directeur. L'inspecteur Marro de la Sûreté, avait été chargé de l'enquête. On avait conclu qu'une personne de l'extérieur à l'école avait perpétré le vol. Mardi après-midi, un autre vol a été découvert ; cette fois-ci, 1800 francs avaient disparu d'une armoire sans aucun signe d'effraction. Mercredi, la police cantonale et la gendarmerie ont mené une enquête pendant toute la journée. Les soupçons se sont portés sur une personne qui avait été vue sur les lieux mardi et recherchée par les policiers. Le Journal, connu pour ses reportages optimistes, affirmait qu'il serait rapidement arrêté. J'attendais avec impatience son arrivée le lendemain pour lire le prochain épisode passionnant de notre polar local.

Le Journal ne m'a pas déçue : il contenait de nouvelles informations à propos du vol à l'Institut Stavia. La police soupçonnait un ancien élève expulsé en 1935 ; sa description fut donnée au registre de la police et à la douane. Un agent de surveillance de l'Exposition nationale de Zurich a été intrigué par les dépenses importantes d'un jeune homme sur l'un des stands de la foire. Emmené au poste de police pour un interrogatoire, le suspect a prétendu s'appeler Dubois et résider à Lausanne. Lors de la fouille, il n'a pas pu justifier la somme de 1032 francs trouvée sur lui. Finalement, il a reconnu le vol et a été emprisonné sur ordre d'un juge d'instruction.

Le Journal nous a laissés en plan pendant plusieurs jours, ne pouvant rien publier d'autre sur l'affaire tant que l'enquête était en cours. Enfin, nous avons été informés qu'Ernest Riemensberger, un jeune homme de 20 ans originaire du canton de Saint-Gall, connu de la police sous le nom de Dubois, avait été arrêté pour avoir volé 1800 francs à l'Institut Stavia. L'argent encore en sa possession lui a été confisqué. Interrogé pendant plusieurs heures le samedi par l'inspecteur Marro, il a finalement reconnu avoir également volé les 1300 francs au mois de mai.

La méthode était la même les deux fois : il attendait que les professeurs et les élèves soient au réfectoire, se faufilait dans le bureau et s'emparait de l'argent. Une fois les 1300 francs en sa possession, il avait pris un taxi pour Yverdon, un train pour Marseille et un bateau pour Alger où il était resté un mois et demi jusqu'à ce qu'il ait dilapidé tout cet argent. Totalement démuni, il avait fait appel au Consulat de Suisse en Algérie pour bénéficier d'un rapatriement. De retour en Suisse, il s'était aussitôt rendu à Estavayer pour commettre le second vol. Le coupable allait comparaître devant le Tribunal du district de la Broye pour son procès et nous devrions connaître son sort sous peu.

La fonte des glaciers en 1938

Bien que ce ne soit pas aussi excitant, notre Journal a publié des articles sur un sujet de conversation fréquent : le changement climatique ! À entendre les gens, les saisons ne suivaient plus leur schéma classique et les températures s'étaient mises à varier énormément. Quelle était la cause de ce dérèglement ? Beaucoup pensaient qu'il avait été causé par les avions et les ondes radio, des choses que nous n'avions pas auparavant. Pour leur part, les scientifiques n'avaient pas encore été en mesure de nous donner une réponse claire. En outre, on signalait le problème du recul des glaciers. Dans le numéro de mai 1938 de la Revue du Club Alpin Suisse, le professeur Mercanton a publié un rapport sans équivoque après avoir mesuré 87 glaciers ; 71 d'entre eux avaient reculé et présentaient une réduction de masse de 2 à 119 mètres. Dans les années à venir, nous allions apprendre que ce n'était que le début du changement climatique.

Des bruits de bottes

Le problème du climat était certes préoccupant, mais il s'agissait d'un problème à long terme ; quelque chose de plus inquiétant se passait à proximité. Ma famille a rapporté qu'un film mettant en vedette le toujours populaire Fernandel avait été suivi d'un autre intitulé « Notre Armée », accompagné de discours patriotiques et de musique militaire et présenté par le lieutenant-colonel R. Masson, du Département militaire. Je me suis demandé pourquoi ce programme avait été choisi.

Est-ce qu'il fallait croire les rumeurs d'une nouvelle guerre à l'horizon ? J'ai refusé d'être pessimiste et tourné mon attention vers l'avenue de la Gare.

Le soleil venait à peine de se lever lorsque j'ai vu les élèves des instituts du Sacré-Cœur et de Stavia sautiller et rire en passant devant ma porte. Il était 6 heures du matin. Un train spécial avait été réservé pour les emmener visiter l'Exposition nationale de 1939 à Zurich. Quelle chance pour eux, le temps était particulièrement beau ! Après une longue journée à Zurich, ils sont repassés devant mon portail pour retourner dans leurs internats en parlant avec enthousiasme des merveilles qu'ils avaient vues.

Pour ma part, j'enviais leur mobilité.

Encore une guerre ? Est que c'est possible ?

Des communiqués alarmants commençaient à arriver de nos autorités gouvernementales, conseillant à la population de stocker certaines denrées alimentaires pour pallier les problèmes constatés lors de la dernière guerre. L'Office fédéral de l'économie de guerre était réactivé, ainsi que la mobilisation de l'armée. Les autorités craignaient une nouvelle guerre et s'efforçaient de s'y préparer.

L'Office économique de guerre s'occupe des provisions pour l'armée, de l'approvisionnement en nourriture et de la production d'énergie. Il avait déjà commencé à travailler pour assurer la production de céréales, de produits laitiers, de viande, de pommes de terre, de fruits, d'alcool, d'huiles comestibles et d'autres denrées alimentaires.

Le journal demandait à la population de rester calme et de dénoncer toute personne diffusant des rumeurs fausses et alarmantes (appelées *fake news* dans un avenir lointain). Le 2 septembre 1939, nos craintes se concrétisaient sous la forme de la mobilisation générale de l'armée suisse.

Au milieu de ces préparatifs militaires inquiétants, la plus importante découverte archéologique jamais faite en Suisse a eu lieu dans la ville voisine d'Avenches.

Deux mille ans auparavant, la ville s'appelait Aventicum, la capitale de l'Helvétie romaine.

Lors d'une fouille, un buste de l'empereur romain Marcus Aurelius a été trouvé dans une canalisation.

Le buste, magnifiquement taillé, était composé de 1,589 kg d'or massif. Il était extrêmement rare de trouver un tel objet intact. Mon Journal en a imprimé une photo pleine page. Des copies du buste ont été faites plus tard pour le musée d'Avenches et d'autres musées.

Bien que Marc-Aurèle soit considéré comme l'un des cinq bons empereurs romains, son règne, de 161 à 180 après J.-C., a été marqué par des conflits militaires brutaux. Chez les humains, la guerre semble être une longue tradition.

Le buste de Marc-Aurèle

Un mariage dans l'ombre de la guerre

Même l'ombre de la guerre n'a pu atténuer la joie de ma famille qui célébrait le mariage de notre jeune médecin et sa fiancée. Si jamais il y avait un mariage fait au ciel, c'était celui-là. Sa nouvelle femme, douce et intelligente, était une violoniste accomplie et partageait le même amour de la musique classique que lui. Avec tout le monde, j'ai souhaité au docteur et à sa femme une longue et heureuse vie ensemble entre mes solides murs.

Hitler a poursuivi ses plans d'unification de tous les peuples germanophones ; il annexait l'Autriche et la Tchécoslovaquie, et le 1er septembre 1939, il envahit la Pologne. Deux jours plus tard, la Grande-Bretagne et la France ont déclaré la guerre à l'Allemagne. La Seconde Guerre mondiale a commencé. Je n'arrivais pas à croire que cela puisse à nouveau se produire. Le Conseil fédéral a immédiatement commencé à mobiliser l'armée pour se défendre contre une éventuelle invasion. Le pays était mieux armé et mieux organisé qu'en 1914. La transition vers un régime de guerre s'est faite en douceur et a été moins controversée. Le pays tout entier a été mobilisé en seulement trois jours. Il n'y a pas eu de panique au sein de la population. C'est presque comme si le conflit était devenu un mode de vie normal. Le Parlement a choisi Henri Guisan, 61 ans, soldat de carrière, comme général des forces armées.

Les expériences de la Première Guerre mondiale ont servi de leçon et les autorités ont immédiatement mis la population en garde contre les rumeurs diffusées par des résidents déloyaux. La Suisse était déterminée à ne pas devenir un centre d'intrigues et d'espionnage sous couvert d'asile, comme elle l'avait été lors de la dernière guerre. Une fois de plus, nos autorités étaient fermement décidées à maintenir notre neutralité. Ma famille, et donc moi, étions informées par la radio et la presse que chacun dans le pays devait faire sa part.

Ceux qui n'effectuaient pas de service militaire, hommes

et femmes, étaient astreints à un service civil obligatoire dans l'intérêt du pays. Ce service visait à fournir au pays les travailleurs dont il avait désespérément besoin pour maintenir l'économie, en remplacement des centaines de milliers de travailleurs recrutés dans l'armée. Les hommes âgés de 16 à 65 ans et les femmes de 16 à 60 ans sans enfant de moins de 16 ans étaient inscrits dans la population active. Un salaire était promis à tout le monde.

La nouvelle mobilisation

Toute la journée, j'ai écouté le carillon de l'église qui sonnait pour annoncer la nouvelle mobilisation de notre armée citoyenne. Dès lors, la population masculine abandonne ses tâches civiles, les artisans, les employés, les agriculteurs, les enseignants et le personnel médical prêtent leur serment de patriotisme, prennent leurs fusils et se dirigent vers les frontières. Les entreprises, les écoles, les hôpitaux et les fermes sont à nouveau entre les mains des femmes. Lorsque les chevaux sont réquisitionnés, ce sont elles qui mettent des licous aux vaches, les accrochent aux chariots et continuent à cultiver les produits alimentaires dont on a tant besoin. Du linge, des bas, de la literie et des fournitures médicales ont été rassemblés pour les soldats à la frontière, sur la base des expériences de la dernière guerre.

La Croix-Rouge a recueilli des matelas, des couvertures, des oreillers, des serviettes, des pyjamas, des blouses médicales, des tabliers, des mouchoirs, des nappes, des gants de toilette et des pots de chambre récoltés par les Bons Samaritains. J'ai observé ma famille en train de rassembler les articles demandés et guetté leur arrivée avant qu'ils ne sonnent à ma porte.

Black-out

Des émissions de radio répétées nous rappelaient que le black-out, donc l'obscurité totale, était en vigueur pour se protéger des vols de nuit des avions ennemis ; des séances d'entraînement avaient été effectuées au cours de l'année précédente. La nuit, la ville était plongée dans l'obscurité rétroéclairée par un ciel étoilé brillant. L'éclairage public était interdit, et les volets et rideaux opaques étaient obligatoires pour tous les bâtiments.

J'avais des volets fixés à mes fenêtres au rez-de-chaussée et au premier étage, mais pas au deuxième. Pour cet étage, des panneaux doubles étaient cousus par les domestiques dans du robuste coton noir avec des anneaux ronds aux coins supérieurs pour pouvoir les accrocher au cadre de la fenêtre et les enlever. La police contrôlait le black-out et imposait des amendes en cas de non-conformité. Les avis étaient publiés dans les journaux et annoncés à la radio ; ils étaient accompagnés de sirènes de raid aérien lorsque des avions s'approchaient de l'espace aérien suisse. Pendant la guerre, l'espace aérien suisse a été violé 197 fois par des avions allemands.

Les Suisses ont abattu onze avions de la Luftwaffe entre mai et juin 1940. Adolf Hitler était furieux ! Après les menaces de l'Allemagne, les chasseurs suisses ont forcé les avions intrus à atterrir sur les aérodromes suisses. Hitler et Hermann Göring ont envoyé des saboteurs pour détruire les aérodromes, mais ils ont été capturés avant de pouvoir faire des dégâts. Des escarmouches entre les troupes allemandes et suisses ont eu lieu à la frontière nord de la Suisse tout au long de la guerre. Bâle, Brusio, Chiasso, Cornol, Genève, Koblenz, Niederweningen, Rafz, Renens, Samedan, Schaffhausen, Stein am Rhein, Tägerwilen, Thayngen, Vals et Zürich sont des villes et des villages qui ont été bombardés par les avions alliés. Les bombardements résultaient d'erreurs de navigation, de défaillances d'équipement, de conditions météorologiques et d'erreurs de pilotage. Les équipages de plus de 100 bombardiers alliés ont été internés pendant la guerre. Le gouvernement des États-Unis a payé 62'176'433 francs suisses pour les réparations après la guerre.

Des piétons heureux

Les voitures privées étaient interdites le dimanche. Ainsi, sur l'avenue de la Gare, un cortège de piétons heureux, de mères avec des poussettes, de personnes âgées et d'amoureux de la nature passait devant mon portail le dimanche, lorsque le temps était beau. Même en semaine, je ne voyais presque pas de véhicules passer sur l'avenue de la Gare. L'industrie automobile était à l'arrêt en raison du manque d'essence. De nombreux propriétaires ont rendu leurs plaques d'immatriculation et les garages ont fermé dans toute la Suisse. L'armée s'inquiétait du manque de garages pour réparer les véhicules militaires. Le Gouvernement a demandé aux États de réduire les taxes sur les automobiles et sur l'essence, afin de maintenir l'industrie automobile en vie.

Un soir, j'ai vu beaucoup de gens autour du Casino. Ils

sont venus pour voir un documentaire sonore intitulé "La Peste Rouge" produit par l'Action nationale suisse contre le communisme. Il décrivait la doctrine du bolchévisme et montrait des scènes de la révolution russe. Parmi les autres programmes du Casino, figurait une conférence donnée par mon propre médecin, sur les gaz utilisés en temps de guerre. Il est parti peu après pour son service militaire et a repris ses consultations dans mon annexe à son retour à la fin du mois d'avril. Le prochain film programmé au Casino était Le Magicien d'Oz, avec Judy Garland, et tout le monde l'attendait avec impatience. C'était une distraction bienvenue pendant les sombres heures de la guerre.

Les autorités de notre ville, qui étaient eux-mêmes stationnées à la frontière, nous ont prévenus que la guerre approchait de notre frontière. L'armée allemande avait déjà envahi la Belgique, le Luxembourg et la Hollande. En prévision de cette invasion redoutée, des cartes de rationnement étaient délivrées à l'École ménagère, au premier étage, le samedi et le lundi sur présentation d'une pièce d'identité. Les demandeurs étaient priés de respecter les horaires affichés ; il leur était également conseillé de construire des abris anti-aériens dans leurs maisons ; des subventions seraient disponibles. Je ne pensais pas qu'un tel abri serait nécessaire dans mon cas ; avec mes murs d'un mètre d'épaisseur, j'étais déjà un abri anti-aérien ! Il fallait cependant stocker des provisions de farine, de sucre et d'huile dans la cave.

La Marine marchande suisse, seule marine dans un pays sans côte maritime, a été fondée en 1941. Son but était d'assurer le transport des produits de base en temps de guerre. Le prix du pain avait de nouveau augmenté. La population était priée d'informer le Bureau communal de son stock de charbon et de sa consommation annuelle ; on rappelle que la thésaurisation est passible d'amendes.

Des avis distribués dans nos boîtes aux lettres appelaient les jeunes gens nés entre 1920 et 1924 à se présenter pour des cours de défense et des exercices de tir au fusil. Les citoyens qui possédaient des armes, les amateurs d'armes à feu, les soldats réformés et les membres du club de tir formèrent une garde locale. Des coups brefs répétés de la corne de brume appelaient la garde à l'action, et des sons longs signalaient la fin de l'alarme. Ces signaux ne devaient pas être confondus avec les sirènes d'alerte aérienne. Les bruits des exercices de tir au fusil dans les stands de tir et ces sirènes familières constituaient une partie du bruit de fond de notre vie quotidienne. Le nombre d'oiseaux dans mon jardin a diminué. Ils avaient eu le bon sens de se diriger vers la forêt.

Nos hommes repartent vers la frontière

Le samedi après-midi, jour de mobilisation, j'ai vu une grande foule de soldats, de familles, d'enfants et de grands-parents se rassembler autour du Casino. Des ordres ont été donnés, et des groupes se sont formés. Le soleil printanier et le beau temps contrastaient fortement avec les événements dangereux qui se déroulaient à nos frontières.

Une fois de plus, notre peuple était appelé à défendre notre pays, et une fois de plus, il l'a fait sans se plaindre. C'était touchant de voir les familles accompagner les soldats à la gare, souvent avec le garçon le plus âgé portant fièrement le fusil de son père. La gare était bondée. Depuis mes étages supérieurs, je pouvais voir une mer de casques et de fusils. Les wagons chargés s'éloignaient au milieu des cris et des larmes. Les départs vers la frontière se sont poursuivis tout au long du printemps, ce qui m'a donné beaucoup de choses à observer !

Quelque chose de fantastique

Tout à coup, quelque chose de fantastique s'est passé à l'avenue de la Gare. Une troupe de cavaliers exotiques portant de hauts turbans blancs, de courtes vestes rouges brodées de noir et de volumineux pantalons bleu clair avec une large ceinture rouge passait devant mon portail. Cet uniforme extraordinaire était surmonté d'une cape rouge flottante. Les hommes, le visage bronzé, se tenaient droits sur leur selle, leurs bottes de cuir solidement plantées dans les étriers. Quel spectacle magnifique ! D'où venaient-ils ? Que faisaient-ils à l'avenue de la Gare ?

J'ai attendu que la famille vienne prendre le petit-déjeuner, espérant que quelqu'un puisse m'expliquer ce spectacle prodigieux ou allumer la radio. Le cuisinier, toujours le premier debout, observait la troupe en même temps que moi, sans fournir d'explication ; celle-ci est venue par le biais d'un patient souffrant d'hypertension artérielle qui est venu voir le médecin. D'autres faits sont apparus le lendemain dans le journal et à la radio.

Notre ville accueillait 100 Spahis, des troupes de cavalerie venues d'Algérie. Leurs chevaux blancs arabes, plus petits que ceux de nos Franches Montagnes, étaient nerveux, rapides et agressifs. Quelques percherons accompagnaient la troupe pour le déplacement du matériel lourd; ils faisaient partie d'un groupe massif de 40'000 soldats français, polonais, belges, anglais, algériens, tunisiens et marocains, avec 7800 chevaux, qui sont entrés dans notre pays dans la nuit du 19 au 20 juin.

Les Spahis, qui assuraient la couverture de l'armée française devant les troupes allemandes au sud de l'Alsace, étaient pris dans un feu croisé. Dans la soirée du 17 juin, les tirs d'artillerie ont anéanti la majeure partie de la brigade. Les événements qui suivirent l'invasion de la France incitèrent l'armée française du général Daille à se réfugier en Suisse. Toutes les troupes ont été désarmées et envoyées à l'intérieur du pays ; plus de 600 chars et camions suivaient les troupes. La population locale et l'armée ont fourni nourriture et logement à cette masse de civils et de militaires. Toutes les automobiles disponibles ont fait la navette à travers les cantons afin de placer cette foule dans des cliniques, des écoles et des maisons privées. Le jeudi, les arrivées se sont poursuivies à tous les postes frontières.

Les soldats internés ont apprécié la sécurité relative et la chaleur de l'hospitalité suisse. L'un d'entre eux a déclaré : « Nos gardes sont très accommodants et fournissent les services requis, mais nous pouvons sentir leur discipline stricte et nous savons que nous sommes au pays de Guillaume Tell. »

Je me suis demandé pourquoi ces troupes se trouvaient dans notre pays. Les infos du soir à la radio ont clarifié cette question : l'internement permettait à un pays neutre de détenir les forces armées et le matériel des pays belligérants sur son territoire en temps de guerre, conformément à la Convention de La Haye de 1907. Le commentateur a lu le texte de la convention :

Une puissance neutre qui reçoit sur son territoire des troupes appartenant à des armées belligérantes doit les interner aussi loin que possible du théâtre de la guerre. Elle pourra les garder dans des camps ou des lieux prévus à cet effet. Elle décidera si les officiers peuvent être laissés libres de quitter le territoire neutre sans autorisation. En l'absence de convention spéciale contraire, la puissance neutre fournira aux internés de la nourriture, des vêtements et des secours humanitaires. A la conclusion de la paix, les frais d'internement seront remboursés. Les malades ou les blessés amenés en territoire neutre par l'un des belligérants, et appartenant à la partie hostile, doivent également être gardés par la puissance neutre pour les empêcher de reprendre les opérations militaires.

Une douzaine d'écuries de la ville avaient été réquisitionnées ; nos vieux pavés résonnaient du fracas des sabots comme au Moyen Âge. Personne n'était indifférent à ces visiteurs exotiques, qui semblaient sortis des Mille et une Nuits. Pour mon plus grand plaisir, l'appel avait lieu tous les soirs sur la place du Casino. Au début, les Spahis dormaient près de leurs chevaux, puis chez les habitants quand l'hiver devint plus rude.

Les Spahis et les citadins entretenaient une relation harmonieuse, en particulier lors des invitations à prendre le thé et le café dans la petite salle transformée en cafétéria au rez-de-chaussée de la Maison des Œuvres, en face de l'église. Les jeunes filles de la ville étaient particulièrement sensibles aux charmes des beaux soldats au visage bronzé et au sourire éclatant. Une dame du quartier se souvient de la mort brutale de l'un des Spahis, poignardé par l'un des siens pour une histoire d'amour : « Je n'ai jamais vu autant de larmes couler lors d'un enterrement. »

Les internés et toute la population attendaient avec impatience la visite de notre très estimé Général Guisan. Son arrivée était prévue pour 10 heures. Les Spahis, alignés derrière leurs officiers, faisaient une impression saisissante dans leurs uniformes kaki, leurs longues gandouras écarlates et leurs turbans blancs. Ils avaient décoré leurs chevaux de rubans aux couleurs vives, tressé leurs crinières, et orné leurs poitrails de fleurs.

Le Général Guisan est arrivé en voiture depuis Yvonand à 10 h 30. Il s'arrêta d'abord devant l'Hôtel de la Fleur de Lys, où des jeunes filles du Sacré-Cœur lui remirent une guirlande. Charmé par cet accueil chaleureux, le Général a donné congé pour la journée aux étudiants de l'Institut. Il a ensuite traversé une haie de spectateurs acclamant leur Général et le chef des armées françaises qui l'accompagnait.

Il a salué le distingué commandant des Spahis et ses officiers qui lui ont rendu son salut debout sur leurs étriers. Sous un tonnerre d'applaudissements, les Spahis sont partis au galop, puis passés en revue devant le Général.

Le Général Guisan inspectant les troupes de Spahi

Ce jeudi matin-là, jour où nous avons accueilli le Général Guisan, restera dans la mémoire de notre ville. Au Nouvel An, les Spahis ont offert au public un spectacle exotique au Casino avec des danses de moukkala et de sabre, accompagnées de la musique du désert. Ils ont remercié les habitants de la ville pour leur accueil. Le 16 janvier, ils ont quitté notre ville et nos vies. À Marseille, un paquebot attendait de les embarquer pour l'Algérie, vers les montagnes ensoleillées de leur pays, vers leurs familles et vers leurs troupeaux de moutons et de chameaux.

Ils ont laissé derrière eux leurs selles, leurs brides, leurs burnous, leurs poignards et... de nombreuses jeunes femmes au cœur brisé. Pour la population de notre petite ville enneigée, tout semblait soudain terne et ordinaire.

Les objets que les Spahis ont laissés derrière eux sont exposés dans notre musée. Ils nous rappellent ces guerriers vifs et flamboyants qui nous ont remonté le moral pendant cet hiver triste et sombre.

Tableau d'un artiste locale
Photo avec l'autorisation du musée
d'Estavayer

Le plan Wahlen - « de l'huile de tabac ! »

Le nouvel Almanach des PTT 1941, sur le mur de ma cuisine, était dominé par le Maréchal Pétain avec son regard sévère ; je suppose que je serai obligée de vivre avec lui toute l'année. Sans les Spahi, la population allait se tourner vers d'autres activités et se pressait au Casino pour voir Fernandel ; le prix d'une place était de 1,10 franc. Certains sont allés aussi à Payerne pour le nouveau film, Heidi, joué par Shirley Temple. Avec l'arrivée de la guerre, les ventes de postes de radio avaient explosé, et les publicités pour les nouveaux appareils couvraient les pages de tous nos journaux. Ces radios étaient maintenant plus compactes, d'une seule pièce dans de jolis boîtiers en bois.

Écouter les nouvelles de la guerre était devenu un rituel quotidien dans mon petit salon. Le Journal est arrivé et avait beaucoup à dire sur le plan Wahlen, un projet visant à rendre la Suisse autosuffisante et à réduire sa dépendance vis-à-vis des importations de nourriture. Friedrich Wahlen, agronome et politicien, s'est penché sur la pénurie de ressources, l'utilisation des terres, les matières premières et l'approvisionnement alimentaire. Son objectif était d'augmenter l'utilisation des terres de 180'000 hectares à 500'000 hectares, ce qui, selon ses calculs, devait suffire à nourrir notre population de près de quatre millions d'habitants. Les terres devaient être réservées exclusivement à des cultures d'alimentations. Les parcs publics, les terrains de football, les terrains de golf et les jardins privés ont été labourés et les cultures plantées.

Je dois admettre que j'ai paniqué en lisant cela. Le cuisinier prenait le journal à la première heure du matin et le lisait dans la cuisine en buvant son café. Un jour, j'ai voulu en savoir plus sur le plan, mais il a plié le journal et commencé le petit-déjeuner ! Je me suis angoissée toute la journée, ne sachant pas ce qui allait arriver à mes terrains. J'avais des visions de mon jardin et de ma pelouse bien entretenus en train d'être déterrés, avec moi assise

au milieu d'un champ de pommes de terre poussiéreux...
et des carottes poussant à travers mes allées de gravier !
Bien sûr, je savais que des sacrifices étaient nécessaires
pour le bien général, mais saccager mon jardin ferait-il
une différence ?

Des instructions ont été données lors d'une conférence
tenue à l'Hôtel du Cerf. Il fut déclaré que toutes les terres
disponibles devaient être plantées. Dans notre district de
la Broye, une grande partie des terres sont occupées par
de plantations de tabac ; je ne voyais pas comment le
tabac pouvait être utilisé pour l'alimentation !

Le résumé de la conférence dans le Journal du lendemain a éclairci la question.

La pratique consiste à couper la panicule de la fleur de
tabac juste après sa floraison pour favoriser le développement de la feuille. Cette procédure empêche la formation
de la graine et améliore la qualité de la feuille de tabac.
Notre Office agricole local a demandé aux producteurs de
tabac de laisser les fleurs monter en graines sur une partie
de leurs champs. C'était un sacrifice pour les cultivateurs
dont les champs avaient déjà été réduits pour la planta-
tion de produits alimentaires. Nous avons appris que les
graines de tabac contenaient 40 % d'huile de bonne qualité
utilisable pour la cuisine. L'Office communal des cultures
a supervisé la collecte des graines de tabac et l'extraction
de l'huile.

« De l'huile de tabac ! » s'écrie notre cuisinier grincheux.
«Est-ce que j'aurai bientôt le droit de cuisiner avec de la
graisse d'essieu ? »

Pour notre commune, une surface plantée de 185

hectares a été imposée. Un recensement fédéral a montré que notre population avait cultivé 186,4 hectares. Si l'on ajoute les surfaces non agricoles, telles que les jardins, les parcs et les parcelles appartenant à la ville, le total pour la commune était de 194,24 hectares cultivés. Une grande partie de ce résultat était due au drainage des marécages autour du lac, à la canalisation et à la culture des pâturages. Des parcelles de terre ayant appartenu au Couvent des Dominicaines et à l'Institut du Sacré-Cœur depuis le Moyen Âge sont venues s'ajouter à ce chiffre. Nous étions fiers de ceux et celles qui, par leur travail acharné, ont obtenu ce résultat malgré le manque de manœuvres, de chevaux et de ressources. Cette bonne nouvelle m'a rassurée. Nous procédions déjà ainsi dans notre grand potager sur le côté nord de mon terrain, ce qui était suffisant pour l'effort qui nous était demandé. En outre, un enclos avait été installé autour de la maison du jardin d'agrément pour élever des cochons, des poulets et des lapins.

Dans la peur et l'appréhension

Le 7 décembre 1941, ma famille s'est assise autour de la radio comme d'habitude. Captivés, nous avons écouté les nouvelles de l'attaque japonaise sur Pearl Harbor à Hawaï et l'entrée en guerre des États-Unis. Dans les nouvelles européennes, nous étions informés des plans élaborés par les nazis pour envahir notre pays. Tout le monde vivait dans la peur et l'appréhension, ne sachant pas quand l'invasion commencerait.

En réponse à cette menace, l'Etat-Major militaire suisse a modifié sa stratégie, passant d'une défense statique aux frontières à un retrait organisé vers des positions fortes et bien fortifiées dans les Alpes. Cette dissuasion militaire a contribué à retarder l'invasion, tout comme les concessions faites à l'Allemagne et la bonne fortune due aux imprévus de la guerre pour détourner ailleurs l'attention de l'armée allemande.

L'année 1942 a commencé par un décret pour réduire la consommation d'électricité. Notre bureau de poste a fermé plus tôt. Les vitrines des magasins n'étaient plus éclairées après les heures d'ouverture, les enseignes électriques, les chauffe-eaux et les radiateurs étaient interdits. L'éclairage public a été réduit de 50 %, ainsi que les maisons privées, les écoles, les bureaux, les cafés, les hôtels. Les restaurants ont été obligés de réduire leur consommation aux 2/3 de l'année précédente. Mon intérieur a pris une ambiance de clair-obscur et dans ma salle à manger les dîners étaient servis aux chandelles. Personnellement, j'ai trouvé ces soirées très romantiques.

Pendant les violentes batailles à travers le continent, une liaison ferroviaire principale a été rompue laissant la Suisse et le Liechtenstein isolés du reste du monde. Pour aggraver le problème de la pénurie alimentaire déjà critique, les réfugiés arrivaient en masse. Nous écoutions avec appréhension les émissions de radio qui décrivaient la progression inaltérable de la machine de guerre allemande. Des voix creuses et invisibles nous parvenaient par la radio, énumérant le nombre de navires coulés, d'avions abattus, de villes détruites, et le nombre effroyable de vies perdues, présageant le pire !

L'inarrêtable machine de guerre

Je ne sais pas qui dans la famille choisissait les calendriers accrochés au mur de ma cuisine, mais je pense que cette personne en avait assez des sujets déprimants de la guerre. Le nouveau calendrier de 1943 affichait une jolie hôtesse de l'air de la TWA, un soulagement après 365 jours de Pétain ! L'année a marqué la première grande défaite de l'armée allemande. Le visage de la guerre tournait enfin, même si 27 navires marchands transportant de précieux ravitaillements pour nous et d'autres nations affamées avaient été coulés en quatre jours par des U-boot allemands.

Depuis un certain temps, une collecte appelée « Sauvez les enfants ! », avait été lancée au profit des enfants victimes de la guerre. De l'argent et des tickets de rationnement ont été collectés pour fournir un abri dans nos montagnes à ceux qui en avaient besoin. Le projet a pris un bon départ quand Gottlieb Duttweiler a collecté deux millions de francs en seulement six jours auprès des clients de Migros. En 1925, M. Duttweiler avait créé une révolution dans la chaîne de distribution alimentaire en équipant cinq camions Ford modèle-T et en vendant six produits de base (café, riz, sucre, pâtes, huile de coco et savon) directement aux familles à un prix sans concurrence. Cette clientèle s'est avérée utile dans la collecte de fonds pour des causes urgentes.

Nos magnifiques Antiphonaires

Il était rafraîchissant de voir un article dans notre journal qui, pour une fois, n'était pas lié à la guerre, mais à nos antiphonaires. J'ai peut-être négligé de vous parler de ce trésor inestimable en possession de notre paroisse. Les Antiphonaires sont de magnifiques manuscrits enluminés datant de 1480 et 1490 ; il s'agit de six volumes reliés en peau avec d'exquises miniatures peintes sur vélin réalisés pour la Collégiale de St-Vincent à Berne. Lors de la Réforme protestante en 1530, les volumes ont été sauvés de la destruction, et quatre d'entre eux sont entrés en possession du clergé de notre paroisse par l'intermédiaire d'un marchand nommé Jean du Crée ; les deux autres volumes ont été vendus à Vevey.

**Une page de nos précieux
Antiphonaires (Cf. e-codice)**

Les Antiphonaires sont conservés en lieu sûr et ne sont exposés que lors d'occasions spéciales, dans des conditions strictement contrôlées. Mais les Editions d'art de Skira à Genève ont publié un album avec neuf des miniatures enluminées des Antiphonaires dans le cadre de leur série *Trésors de l'art suisse*.

En ces jours sombres de conflit et de mort, il était rassurant de voir que les biens intellectuels et artistiques avaient encore leur place dans notre monde. Le Journal a adressé ses chaleureux remerciements aux Editions d'art de Skira.

Le bœuf qui prend la clef des champs !

Juste avant la procession du Surrexit de 1943, en regardant du côté de la gare, j'ai remarqué un problème : le train de l'après-midi n'était pas arrivé. Deux heures plus tard, j'ai entendu un affreux crissement de métal traîné contre les rails et, à la vitesse d'un escargot, la locomotive a clopiné en gare.

Comme j'aime bien tout savoir, j'étais frustrée de regarder le train endommagé sans savoir ce qui lui était arrivé ; aucun membre de la maisonnée ne semblait informé ou intéressé. Heureusement, mon fidèle Journal a éclairci l'affaire, comme d'habitude, mais j'ai dû attendre la livraison de son édition hebdomadaire.

Il s'avérait que les deux fils de M. Fernand Pillonel, restaurateur en ville, étaient allés chercher un bœuf à Sévaz et l'avaient escorté jusqu'au village de Seiry. En chemin, le bœuf leur avait échappé en voulant rentrer chez lui ! Arrivé au passage à niveau de la Tuillière, il a été percuté par un train lancé à grande vitesse et tué sur le coup. Les garçons s'en étaient sortis avec une belle frayeur et quelques cauchemars à venir.

Les internés grecs

Je savais que nous avions 300 soldats grecs internés dans notre ville. Je les avais vus sur mon avenue. Certains d'entre eux s'adressaient aux habitants pour demander de la nourriture, une pratique interdite, d'autant plus que les internés recevaient les mêmes rations que nos soldats suisses. Ils n'ont pas frappé à ma porte ; peut-être avaient-ils eu peur de m'approcher, pensant que j'étais le domicile d'un fonctionnaire du Gouvernement !

Un communiqué du premier lieutenant Martin, commandant du camp d'internement militaire, a prié la population de ne pas donner de nourriture ou de tickets de rationnement aux internés et de signaler toute tentative de vente de bottes ou de vêtements militaires. Les internés pouvaient être employés comme main-d'œuvre pour un salaire de 2,10 francs par jour à remettre à la Ville ; celle-ci leur rendait 50 centimes par jour, et le reste allait au fonds couvrant les frais d'internement. L'alcool était autorisé entre 12 heures et 13 heures et à partir de 18 heures jusqu'au couvre-feu.

Les internés grecs orthodoxes ont célébré Pâques une semaine plus tard que les catholiques et les protestants. Ils ont montré un grand intérêt pour notre procession du Surrexit et notre population a pris plaisir à regarder la procession du Vendredi Saint une semaine plus tard. À la tombée de la nuit, 300 Grecs ont défilé dans les rues de notre ville, chacun portant une bougie et chantant les psaumes dans leur langue. Les trois derniers jours avant Pâques, les Grecs s'abstiennent de manger de la viande. Un haut dignitaire de l'Église, l'archimandrite Constantin Baliadis, est venu de Lausanne pour célébrer l'office et a prononcé un discours louant l'hospitalité suisse. L'événement s'est terminé la mise à mort d'un agneau sacrificiel rôti à la broche dans le jardin de l'Hôtel du Cerf.

Les internés grecs ont fêté Noël au Casino, ce qui m'a

permis de profiter des réjouissances. À cette occasion, la population locale a organisé une loterie, afin qu'il y ait un cadeau pour chaque interné sous l'arbre de Noël. Pendant cette courte période de vacances, notre attention a été détournée du front de la guerre où les événements se succédaient rapidement. Les forces britanniques et américaines avaient envahi la Sicile, l'Italie s'était rendue et avait chassé Mussolini du pouvoir.

Le Cirque Knie euthanasie ses lions et tigres

Chaque année, j'attendais avec impatience de voir mon nouveau calendrier, mais celui de 1944 était une banale réclame d'une société pharmaceutique, l'une des nombreuses que le médecin recevait gratuitement à l'automne! Personne dans la maison n'a pris la peine d'acheter un calendrier cette année-là, la cinquième d'une guerre sans fin. Le 1er avril, les Américains bombardaient Schaffhouse par erreur, tuant 39 personnes et en blessant 55. Le Cirque Knie, également connu sous le nom de Cirque national suisse, a dû euthanasier ses magnifiques lions et tigres à cause du manque de viande. M. Knie a répondu aux critiques :

« Pouvez-vous imaginer faire la queue derrière des gens qui attendent de petites rations de viande pour leur famille et en demander 10 kg pour un lion ? »

La famille du cirque préférait endormir ses animaux plutôt que de les voir mourir de faim. Plus près de nous, j'ai entendu des remarques selon lesquelles les chamois du col de Cheyres étaient en train de disparaître.

Outre le rationnement habituel des denrées alimentaires de base, le savon était également rationné et l'utilisation interdite du caoutchouc et du cuir pour les chaussures. Un petit groupe local de tambours, appelé le Détachement des tambours d'Estavayer, que nous avions l'habitude de voir à tous nos défilés, réceptions et exercices militaires, était lui aussi réduit au silence, parce qu'il ne pouvait plus se permettre d'acheter des peaux de tambour de remplacement.

En effet, les peaux étaient passées de 2,50 francs à 10 et 12 francs. L'adhésion au groupe était proposée à 1 franc, afin de récolter des fonds pour ce groupe très apprécié dans notre ville et qui ne bénéficiait d'aucune subvention.

Les joueurs de tambour ont frappé à ma porte comme à toutes les autres de la ville pour vendre leur taxe d'adhésion. Naturellement, Madame, ma patronne au grand cœur, a apporté son soutien.

Les internés yougoslaves

Le lendemain, un ami de Madame s'est arrêté pour prendre du thé et faire la causette. Elle à demandé,

« Avez-vous vu la Chapelle récemment ? Elle a été méticuleusement restaurée par les internés de Yougoslavie sous la direction du sergent-major Savary ; il est tellement gentil et très doué pour trouver des occupations utiles aux internés. » Les internés yougoslaves avaient passé un séjour agréable dans notre ville, car très appréciés par la population locale.

Enfin le Jour « J » est arrivé !

Le 6 juin 1944, la radio dans mon petit salon nous a

apporté les nouvelles captivantes du débarquement allié sur le continent européen. L'opération a fait de nombreuses victimes, mais a marqué un tournant majeur dans la guerre.

Elle a provisoirement aggravé notre situation en poussant les forces allemandes dangereusement près de nos frontières, mais l'embarquement sur le sol européen a été une étape importante dans la bataille pour libérer les terres détenues par l'Allemagne. Les Alliés ont rapidement traversé la France et, en août, Paris était libéré de l'armée allemande.

L'année suivante, 1945, a commencé par des bombardements sur Bâle, Schaffhouse et Zurich, qui ont fait 16 morts et 33 blessés, et s'est terminée par l'offensive finale contre l'Allemagne : la bataille des Ardennes. Les événements se sont succédé rapidement. Un afflux massif de réfugiés et la pénurie de nourriture ont contraint nos autorités à fermer nos frontières ; il n'y avait rien à gagner à admettre des réfugiés qui mourraient de faim dans notre pays, pensait-on.

Après avoir traversé le Rhin, les Alliés ont progressé en Allemagne, découvrant les horreurs des camps de concentration, alors qu'ils se dirigeaient vers Berlin. Les forces soviétiques ont pris Berlin, Harry Truman a succédé au président Roosevelt, Mussolini a été exécuté, Hitler s'est suicidé et les forces allemandes se sont rendues.

Mon deuxième Armistice

Au mois de mai, les cerisiers sont en fleurs et nos paysages prennent l'aspect d'un tableau impressionniste.

Ce spectacle de la nature nous a toujours remonté le moral, mais cette année, il est venu avec l'heureuse nouvelle de la fin de la guerre.

Vers quatre heures de l'après-midi, 8 mai 1945, la signature de l'armistice a été annoncée par les cloches de notre église et de toutes les églises du pays. L'annonce a déclenché une explosion de joie ; nos anciennes rues se sont remplies d'une population en liesse, acclamant nos soldats et chantant. Des larmes de joie coulaient sur les joues des femmes dont les maris et les fils étaient stationnés aux frontières.

Les drapeaux flottaient aux fenêtres et décoraient les façades de nos bâtiments médiévaux ; les écoles et les commerces étaient fermés. Notre bien-aimé Détachement des tambours a défilé dans les rues pour célébrer l'événement tant attendu. La Seconde Guerre mondiale, le conflit militaire le plus meurtrier de l'histoire de l'humanité, s'est terminée par la capitulation du Japon.

Ma famille s'est réunie pour célébrer cet événement joyeux et j'ai écouté de longues discussions animées sur le sujet de la guerre. On estime qu'un total de 70 à 85 millions de personnes ont péri. Une grande partie de l'Europe a été réduite en cendres et sa population s'est retrouvée privée de nourriture, d'eau, d'abri et de vêtements. Pendant la guerre, notre petit pays sans ressources naturelles a recueilli 300'000 réfugiés, dont 104'000 soldats étrangers internés conformément à la Convention de La Haye.

Les autres étaient des civils internés ou ayant reçu un permis de séjour des autorités cantonales. Parmi les réfugiés, 60'000 étaient des civils fuyant les persécutions nazies, la moitié étaient des juifs. Tout le monde s'accorde à dire que nous avons eu la chance d'être épargnés par la pire des guerres. Maintenant, notre tâche sera de faire face à une dette monstrueuse de neuf milliards de francs. J'ai été touchée par la prière d'un interné grec à son départ de notre pays. Madame, assise à la table de la salle à manger, lisait la traduction française publiée par notre journal et tamponnait ses larmes avec un mouchoir brodé.

> *Merci Seigneur de m'avoir conservé à la vie,*
> *Merci de m'avoir laissé parmi les vivants,*
> *Sur les terribles montagnes ensanglantées d'Albanie*
> *Dont les êtres humains ont voulu changer,*
> *Les formes et les couleurs, avec le sang des innocents*
> *Et les garnir avec des cadavres.*
> *Merci Seigneur de m'avoir donné la force morale,*
> *Pour supporter ma captivité, le courage pour franchir la frontière,*
> *Et entrer dans "L'arche de Noé," la Suisse.*
> *O Seigneur, bénis ce pays, bénis cette terre hospitalière,*
> *Qui m'a ouvert ses bras dans des moments de détresse.*
> *Protège ce peuple pieux, comme tu l'as fait jusqu'à maintenant,*
> *Soutiens ce peuple qui sait adoucir l'amertume des captifs.*
> *O Seigneur, toi qui connais le sort que Tu m'as réservé,*
> *Toi qui connais le vide que j'ai dans mon cœur, Instruis-moi, ô Seigneur,*
> *Accorde-moi le courage pour supporter mon sort,*
> *Donne-moi le courage pour recréer un foyer chaud,*
> *Mets devant mes yeux une âme d'infirmière affectueuse,*
> *Qu'elle sache consoler, soulager, croyante et pieuse,*
> *Devant Toi, je le promets ô Seigneur, accorde-moi cette grâce,*
> *Je tâcherai de la mériter.*

> *Le 10 juillet 1945.*
> *Saadi Pardo*

1945 – L'électrification de la gare

Avec la plus grande joie, j'ai laissé la guerre derrière moi et tourné mon attention vers la gare où se passaient des événements passionnants. Longtemps attendue, l'électrification de la ligne a été réalisée en 1945 avec d'importantes modifications. Le quai a été prolongé pour faciliter les chargements, de nouvelles voies posées et le bâtiment de la gare lui-même transformé comme toutes les gares entre Yverdon et Payerne. Il s'agissait d'une affaire majeure et coûteuse. Avec un nouvel horaire en vigueur, trois trains s'arrêtaient quotidiennement dans notre gare; la correspondance depuis Lausanne était assurée jusqu'à onze heures du soir, la liaison avec Fribourg, par contre, devait attendre l'électrification de ce tronçon.

L'inauguration de la ligne a été célébrée avec l'arrivée du train de 3 heures. La fanfare de notre ville et un groupe en costume traditionnel ont défilé devant moi sur l'avenue de la Gare et jusqu'à l'Hôtel de la Fleur de Lys où des rafraîchissements étaient servis. Des drapeaux étaient placés sur les deux côtés de la route sur tout le trajet et même jusqu'au port. Je savais que les trains électrifiés étaient une bonne chose pour la population et l'environnement. Pourtant, je ne pouvais pas m'empêcher de ressentir un petit coup de nostalgie pour les volutes de vapeur sifflantes que je ne verrais plus, et même pour les nuages de fumée noire qui laissaient des traînées sur ma façade.

À la même période, non seulement le train était électrifié, mais les cloches de l'église aussi. Pour la dernière fois, Anna Bovet a monté les marches jusqu'au clocher de l'église pour sonner les cloches. Jusqu'à ce jour, elle le faisait trois fois par jour même si ses genoux arthritiques lui rappelaient qu'elle n'était plus toute jeune. Après trois générations de sonneurs de cloches, elle a accompli ce qui peut sembler une petite tâche, mais qui est en fait une importante mission : elle réglait la vie de toute la ville ! Désormais, les cloches seraient actionnées par une horloge électrique.

Durant cette année débordant de transformations, mon Casino bien-aimé a également été rénové ; j'ai été émue de voir plus de 300 personnes assister à l'inauguration. Notre ville possédait désormais une magnifique salle de cinéma avec de beaux sièges bien placés pour regarder des films ainsi qu'avec une excellente acoustique pour des concerts ou des conférences. Le sous-sol disposait même d'un garage pour les vélos ! Notre ville pouvait à juste titre être fière de son Casino : on y montrait des films avec Michèle Morgan, Maurice Chevalier, Jean Gabin, Clark Gable, et Greta Garbo, tous très appréciés du public. Lentement notre vie revenait à la normale. Les soldats avaient été licenciés de l'armée et la garde locale dissoute. Derrière un énorme drapeau, les internés italiens ont défilé sur l'avenue de la Gare avant de se rassembler à la gare et nos vœux les plus chaleureux les accompagnaient pour leur retour à la maison.

Même s'il avait été assoupli, le rationnement était toujours en place. Un service de placement pour aider les apprentis à trouver un emploi a été organisé par le Conseil fédéral. L'AVS au profit des veuves, des orphelins et des personnes âgées est votée par le peuple en 1947 pour une entrée en vigueur en 1948. Les grands-mères s'affairaient à tricoter des vêtements chauds pour les orphelins de guerre. On a rappelé alors à la population que l'industrie avait un grand besoin de métaux de toutes sortes et une collecte a eu lieu le jeudi 18 octobre. Ma famille, comme tous les autres habitants de la ville, a été invitée à rechercher parmi leurs possessions tout ce qui était en fer, en cuivre ou en laiton.

Dans la salle d'attente du cabinet de mon médecin, j'ai écouté deux patients qui parlaient de l'or, plus précisément du raffineur d'or suisse Metalor. Ils ont expliqué qu'avec la fermeture des frontières pendant la guerre la firme s'était tournée vers la production de nitrate d'argent avec un haut degré de pureté pour fabriquer des rivets en argent fin. En 1947, la société a installé un nouveau siège à Neuchâtel pour se rapprocher du centre de l'horlogerie. Traditionnellement, elle fournissait de l'or aux banques et aux bijoutiers, sans savoir que son déménagement la positionnerait au milieu d'une future industrie électronique qui aurait besoin d'une massive quantité d'or.

Ma famille et toute la population de notre ville ont participé à une manifestation patriotique en septembre 1946, pour rendre hommage à nos soldats qui ont sacrifié leur vie pendant les deux guerres. La manifestation a débuté par un défilé de soldats de toutes les armes, d'officiers, de cavaliers, de tirailleurs, de notre fanfare et des autorités civiles. Au cimetière, une gerbe a été déposée à la mémoire des soldats tombés au combat. L'aumônier, le capitaine von der Weid, a prononcé un émouvant éloge ; le cortège a ensuite parcouru les rues de la ville et s'est terminé à la

Grenette où un monument aux morts a été inauguré. J'ai appris tout cela par le biais du Journal, car le défilé n'est pas passé par les rues qui m'entourent. Cependant, de nombreux soldats sont venus pour la cérémonie en train et je les ai vus arriver et repartir.

Les grenouilles d'Estavayer

J'ai mentionné que nous avons beaucoup de zones humides autour de notre lac et qu'une grande quantité de grenouilles vivent dans les marais, malgré l'assèchement et la canalisation effectués lors du plan Wahlen. Lorsque le soleil se couche, c'est avec un chœur exubérant de côa-côa que les batraciens célèbrent la fin de la journée.

Entre 1853 et 1860, un Staviacois nommé François Perrier*, officier du régiment suisse servant au Vatican, est revenu dans notre ville pour cause de maladie. Il avait un peu plus de 40 ans et s'est rapidement ennuyé dans sa vie sédentaire de retraité. Son intérêt pour la population de grenouilles l'a conduit dans la partie la plus basse de la ville où le lac clapotait contre les fondations des bâtiments.

Chaque soir, avec sa lanterne et son filet, François Perrier éclairait la surface de l'eau. Les grenouilles remontaient à la surface, sautaient dans son filet et s'embarquaient sans le savoir vers un étrange destin. Le lendemain matin, dans son atelier, François Perrier procédait à une minutieuse opération chirurgicale. Il extrayait tout l'intérieur des grenouilles pour ne garder que la peau.

Ensuite, il insérait des formes en fil de fer pour leur donner diverses postures ; il les désinfectait soigneusement et les remplissait de sable fin. Une fois la procédure de taxidermie terminée, il mettait ses grenouilles en scène.

Dessinateur et modéliste de talent, François Perrier a construit des meubles et des accessoires. Il a découpé des tables, des chaises, des bureaux et des bancs d'école dans de vieilles boîtes à cigares.

Il a fabriqué de la vaisselle en mie de pain trempée dans la laque et découpé des uniformes pour les soldats. Il a disposé les grenouilles naturalisées dans des scènes imitant la vie quotidienne de notre ville au début du XIXe siècle : des élèves dans leur salle de classe avec leur professeur, un banquet électoral avec son orateur, des joueurs de billard, des mangeurs de spaghetti, des joueurs de cartes, un dîner de famille, des amoureux surpris et un notaire signant un document authentique de l'époque. Toutes les grenouilles ont reçu des expressions imitant la vie réelle.

La collection de 108 grenouilles nonagénaires de François Perrier est entrée dans notre musée en 1946. Nous ne pouvions pas imaginer qu'elles seraient connues loin à la ronde et deviendraient même un symbole de notre ville.

Le Musée de la Ville d'Estavayer, doté depuis son ouverture d'intéressants objets historiques de toutes sortes, a été éclipsé par la collection de grenouilles et est devenu connu sous le nom de "Musée des grenouilles."

Situé dans l'ancienne maison de la dîme, il a été périodiquement réorganisé pour améliorer la présentation de cette exposition inhabituelle.

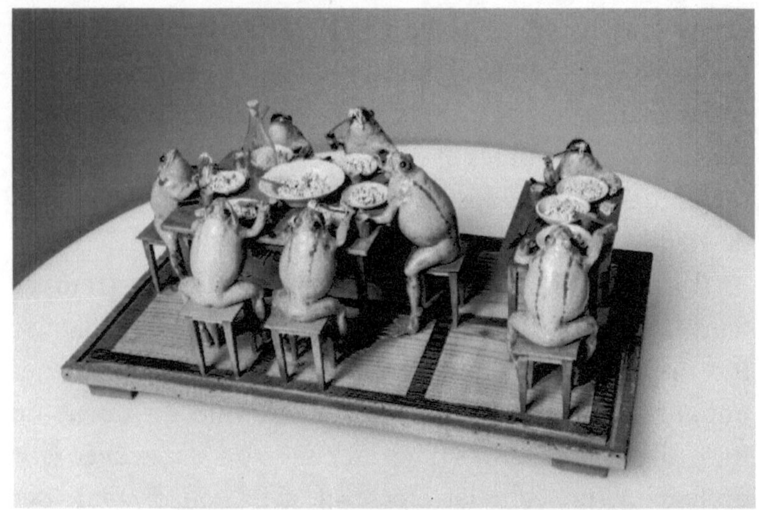

Avec l'aimable autorisation du Musée d'Estavayer-le-Lac et ses grenouilles.

Photos de ©SteinerBrouillard.ch

---

*François Léodegar Dominique Perrier (02.10.1813 - 03.09.1860), sous-lieutenant de la Garde de suisse au Vatican. Il est célèbre pour avoir créé une exposition présentant 108 grenouilles naturalisées et qui peut être vue au Musée de la Ville d'Estavayer. Source: Site généalogique et héraldique de l'Etat de Fribourg.

La rougeole, la diphtérie et des hannetons

L'Almanach des Postes et des Télégraphes était de retour sur mon mur et annonçait l'année 1947. Quel soulagement de voir un calendrier avec une scène pastorale au lieu de soldats et de tanks !

Ma famille s'était considérablement agrandie et j'ai connu l'incroyable joie d'accueillir les nouveau-nés de mon médecin et de sa femme entre mes murs. Bientôt, toutes mes pièces ont été occupées, pour ne pas dire quelque peu surpeuplées. Le cabinet d'avocat et une partie de la famille ont déménagé vers une maison voisine, ce qui a élargi l'espace dont le cabinet médical avait tant besoin. J'ai observé une procession régulière de parents montant les escaliers de mon annexe avec leurs enfants pour les faire vacciner. Il y avait une nouvelle loi rendant les vaccins contre la rougeole et la diphtérie obligatoires pour les enfants de plus d'un an.

Le mois de juin est commencé et, avec lui, une invasion massive de hannetons. Il n'y en avait jamais autant eu que cette année-là ; entre 8 et 9 heures du soir, j'étais entourée d'épais nuages qui bourdonnaient autour de la façade. Ils faisaient un bruit de tic-tic en volant contre mes fenêtres et s'accumulaient en couches épaisses sur les rebords des fenêtres. Madame a ordonné à la famille de garder portes et fenêtres fermées et d'éteindre les lumières. Les autorités de la ville ont essayé de faire face à l'invasion en créant une prime sur les insectes ; elles ont payé 30 centimes par litre pour les insectes rapportés au Bureau communal. Le samedi de cette semaine, 6790 litres de hannetons ont été récoltées, 3700 pour la seule journée du samedi ; Jean Marmy, de la Corbière, en a collecté 1630 litres, 100 litres sur un seul arbre. Le nouveau journal, logé dans une annexe ajoutée à la maison d'en face, a proposé aux écoliers de participer au ramassage afin de gagner l'argent nécessaire à leur voyage scolaire.

Mon rêve d'une salle d'opéra !

Depuis plusieurs semaines, j'étais intriguée par une activité intense sur la route Saint-Pierre : des hommes se promenaient sur le terrain de la ferme des Bovets et écrivaient des annotations sur leur bloc-notes. Je soupçonnais qu'un bâtiment allait être construit là ; je n'avais rien vu dans les journaux. Si ma famille avait remarqué de l'activité, elle était trop occupée par son travail et ses enfants pour en parler. C'était agaçant ! L'excavation a commencé et je n'étais toujours pas informée. La taille du fossé était vaste et je ne pouvais que deviner quel genre de bâtiment aurait besoin de fondations aussi importantes. J'espérais un bâtiment prestigieux comme un château, mais c'était peu probable, nous en avions déjà un ! Peut-être une école? Nous avions une école primaire à seulement deux portes de là. De leur côté, les instituts du quartier semblaient disposer d'espaces suffisants. Cela ne pouvait pas être une villa familiale comme moi, elle était trop grande, une salle de concert non plus ! Un hôtel de luxe, prévu 50 ans auparavant, serait bienvenu dans le quartier, mais n'avait jamais été construit.

J'étais en train de rêver d'une salle d'opéra, lorsque la dernière édition du Journal a brisé mes espoirs : le bâtiment serait un dépôt d'autocars ! Six véhicules et deux appartements pour les chauffeurs au premier étage étaient prévus. Une découverte décevante, mais j'étais reconnaissante que la compagnie d'autocars ait essayé de construire un bâtiment traditionnel dans un style qui, selon le directeur de la compagnie, « ne défigurerait pas le quartier. » Malgré sa taille, je supposais que c'était vrai! Je devrais m'habituer aux autocars passant dans la rue étroite de Saint-Pierre et je suppose que mon jardinier serait obligé de tailler les branches qui dépassaient de la haie. Dans le même laps de temps, les trottoirs de l'avenue de la Gare avaient été excavés pour l'installation de câbles électriques et téléphoniques. Il fallait que je patiente un certain temps avant de retrouver paix et tranquillité !

Une troupe de fées

Heureusement pour moi, une distraction est arrivée en la personne d'une dame nommée Jacqueline Thévoz. Née au Clos des Roses, à côté de la banque, elle était la petite-fille du célèbre médecin, auteur et explorateur archéologique, le Dr Thürler, qui a réalisé le spectacle *Vieux Stavayer* donnant une certaine célébrité à notre ville quelques années avant ma construction. Après avoir obtenu sa licence à l'Université de Lausanne, Jacqueline Thévoz, professeure de musique, compositrice et auteure, s'est tournée vers la chorégraphie. Parmi ses activités en 1951 et 1952, elle a créé des ballets rythmiques et classiques pour petites filles présentés au Casino et en plein air.

Cet été-là, les jeunes danseuses se préparaient à un ballet dans mon jardin. Vous pouvez imaginer mon plaisir de voir ces adorables petites filles, dont l'une n'avait que quatre ans, vêtues de robes de tulle blanc, voltiger dans mon jardin. C'était comme si une troupe de fées avait atterri parmi mes arbres ! J'attendais avec impatience chaque répétition. Lorsque le moment de la représentation est arrivé, les gens ont payé un franc chacun et afflué dans mon jardin. Les projecteurs illuminant la scène ont attiré la foule derrière ma clôture. Les filles dansaient sur une musique jouée par un orchestre placé à l'abri des regards, sous les arbres. C'était un moment magique et enchanteur que je n'oublierai jamais. Je dois beaucoup à Mme Thévoz. Elle tenait toujours un album rouge avec des photos, des programmes et des notes sur les spectacles ; celui-ci a été présenté cinquante ans plus tard à ma deuxième propriétaire.

La même année, nous avons enterré notre voisin Hippolyte Pillonel, 84 ans, qui nous a quittés après avoir consacré sa vie à sa famille, sa ferme, son moulin, son quartier et sa ville. M. Pillonel avait été un travailleur infatigable, un bon voisin et un père exemplaire. Il incarnait le citoyen solide et fiable, agréable à rencontrer dans son champ ou autour d'une table de conférence en ville où ses conseils pleins de bon sens étaient écoutés. Il avait été un visiteur fréquent de mon petit salon et il me manquera ! Aujourd'hui, Hippolyte Pillonel repose dans la bonne terre qu'il a tant aimée et soignée toute sa vie.

La motorisation de l'agriculture

Après la guerre, les méthodes d'agriculture ont changé radicalement. Les chevaux ne sont pas revenus de la guerre; soit ils n'avaient pas survécu, soit leur transport était trop coûteux. L'augmentation des surfaces cultivées et le manque de main-d'œuvre ont entraîné une explosion du nombre de tracteurs autour de moi. Sur l'avenue de la Gare, les chars de betteraves sucrières qui passaient devant ma porte étaient maintenant tirés par des tracteurs Hürlimann. Les chevaux me manquaient, mais les Hürlimann avaient un certain charme et sont devenus une légende de l'agriculture suisse. Ces véhicules étaient désormais produits en masse et abordables pour presque tous les agriculteurs. Dans l'armée suisse, les pièces d'artillerie, auparavant tirées par des chevaux, étaient désormais accrochées à des jeeps.

Je me demandais d'où viendrait le carburant pour toutes les voitures, les camions et les tracteurs que je voyais sur les routes autour de moi. Mon fidèle Journal m'a apporté la réponse, comme d'habitude. Au Moyen-Orient, la toute jeune compagnie pétrolière saoudienne Aramco a commencé à produire des quantités phénoménales de pétrole. Un réseau de pipelines a été construit pour sillonner le Moyen-Orient et transporter ce produit jusqu'à l'utilisateur final. Les oléoducs ont considérablement augmenté l'efficacité du transport du pétrole, mais l'article de Journal soulignait judicieusement qu'ils ont également créé une dépendance au carburant provenant d'une région politiquement instable.

Arrivé de la télévision

Nous entendions parler depuis quelque temps d'un nouveau gadget appelé « télévision » ; il existait déjà aux États-Unis et mon Journal a consacré plusieurs articles à cet appareil. On prédisait que le pouvoir terrifiant de la télévision allait modifier notre vie sociale, nos sports et notre culture. Il semblait que rien ne pouvait l'arrêter. Au début, l'Église catholique s'inquiétait de l'effet hypnotique de la télévision sur les enfants. Elle observait que les enfants américains en savaient plus sur Hopalong Cassidy, un héros cow-boy fictif, que sur Jésus-Christ ! Toutefois, l'opinion a rapidement changé lorsque le Vatican a diffusé à la télévision un sermon du Cardinal Spellman, suivi d'un programme télévisé régulier intitulé *La vie vaut la peine d'être vécue*. La télévision a alors été perçue comme un moyen de diffuser l'Évangile à une plus grande partie de la population.

L'un de ses effets pervers se faisait déjà sentir aux États-Unis où les téléviseurs sont passés de 1 à 3 millions en une seule année. Cinq cents cinémas ont fermé leurs portes et l'on estimait que la plupart de ceux qui restaient feraient faillite. Ma plus grande préoccupation était la survie de mon Casino bien-aimé où les films étaient devenus une partie importante du programme hebdomadaire. Ce serait un malheur si le Casino était obligé de fermer parce que les cinéphiles resteraient chez eux pour regarder la télévision. Autre effet négatif de la mode TV, les milieux radiophoniques ont rapporté que les heures d'écoute étaient passées de 3 heures et 42 minutes par jour à seulement 24 minutes. Notre topographie montagneuse présentait des obstacles considérables à la transmission de la télévision parce qu'il fallait installer des antennes dans des zones alpines reculées. Le Département fédéral des postes et les CFF ont accordé une concession conjointe pour la transmission de la télévision aux PTT (Poste, Télégraphe, Téléphone) et à la SSR (radio).

Une publicité dans mon Journal annonçait l'offre suivante au public :

Un téléviseur à l'essai gratuitement à domicile pendant trois jours. Antenne installée gratuitement. Des milliers de clients satisfaits.

Le moment est venu pour ma famille de se procurer un de ces appareils préoccupants et j'ai pu voir exactement en quoi cela consistait. J'ai été terriblement déçue ! Ce que j'ai vu était un facsimilé de vie réduit à la taille d'une petite fenêtre sans aucune couleur. Naturellement, il s'agissait d'un des premiers modèles et, au fil du temps, les téléviseurs se sont améliorés ; ils ont intégré la couleur et les écrans sont devenus plus grands. Plus tard, j'en suis venue à apprécier les émissions d'information tout autant que mon Journal.

Les émissions de télévision nationales présentaient certains des festivals et traditions de chez nous. Il était passionnant de voir à l'écran les processions du Surrexit et des Catherinettes. Nos ruelles étroites du Moyen Âge prenaient un aspect mythique lorsqu'elles étaient filmées. Le nombre de téléviseurs en Suisse a augmenté de 50% en un an. Ils diffusaient trois chaînes, une en français, une en allemand et la troisième en italien. Heureusement l'offre s'est progressivement étoffée avec des chaînes réceptionnées depuis les pays voisins. Les chaînes de télévision suisses romandes TSR1 et TSR2 (apparues en 1997) sont désormais disponibles et c'est avec grand plaisir que je regarde le journal télévisé du soir en français avec ma famille.

Le temps de paix

Depuis la fin de la dernière guerre, mon existence avait été sereine et enrichissante. Mes garçons avaient grandi, terminé leur formation professionnelle, s'étaient mariés et avaient eu des enfants. La musique remplissait mes pièces et les rires de mes jeunes petits-enfants remplissaient mon cœur. C'était une époque où les filles portaient des jupes évasées ou des robes fourreau et des saddle shoes, chaussures plates bicolores populaires aux États-Unis. Elles flirtaient avec des jeunes hommes en veste de cuir qui s'efforçaient de ressembler à Marlon Brando et à James Dean. Après la Seconde Guerre mondiale en temps de paix, le monde s'est transformé en une économie de consommation, avec beaucoup de produits à acheter et des cartes de crédit pour effectuer les paiements.

Mon médecin organisait des concerts à l'Hospice et avec ses filles à la Maison des Œuvres en face de l'église. Tout le monde appréciait leur musique et leur talent exceptionnel. Je pensais que rien ne pourrait gâcher cette vie idyllique, mais j'ai remarqué que Madame, ma patronne bien aimée, ne rassemblait plus son chapelet et son livre de prière pour aller à l'église tous les matins comme elle le faisait depuis toujours. Ce changement m'a inquiétée. Des modifications électriques avaient été apportées à mon intérieur, assurant une liaison entre sa chambre et le cabinet médical. Les fils passant le long du plafond de mon couloir.

Madame ma patronne s'en va !

Soudainement, l'impensable s'est produit : Madame, la reine de notre petit royaume, est tombée gravement malade et est décédée. Elle a laissé la famille plongée dans un état de tristesse et de profond abattement. Notre Journal a évoqué son esprit de bienveillance et de simplicité, son dévouement dans l'éducation de ses fils et sa dévotion religieuse. Il promettait qu'on se souviendrait d'elle avec affection dans notre ville pour son esprit de charité envers les pauvres. Ce mouvement de sympathie s'est aussi étendu à l'égard de ses fils. Ce jour-là, ma vie a radicalement changé. Avec ma famille, j'ai lutté pour faire face au vide profond que Madame laissait derrière elle.

Comme il se doit, la vie l'a emporté sur la mort, et ma jeune famille, très occupée, a adopté un nouveau rythme de vie et rempli mes pièces d'intenses activités. Il y avait du travail à faire, des enfants à éduquer et des patients à soigner !

Notre économie locale prospère

Notre ville continuait à prospérer et nos instituts d'enseignement étaient remplis à leur pleine capacité ; le Sacré-Cœur comptait 252 étudiants, internes et externes, et l'Institut Stavia accueillait 170 étudiants de 18 pays. La course à pied Morat-Fribourg, devenue très populaire, a été remportée en 1952 par le Fribourgeois Pierre Page qui a été accueilli en héros à son arrivée au tilleul. En son honneur, un prix de 5000 francs a été créé et sera désormais remis à tout coureur fribourgeois gagnant la course.

La température de ma façade m'annonçait toujours la fin de l'été. Mon jardin prend alors ses couleurs d'automne : bronze pour le marronnier et bordeaux pour les rangées d'hortensias. Alors que la population se préparait à fêter la Bénichon, une odeur de goudron planait sur le quartier ; autour de la gare, on recouvrait la zone de terre battue d'une couche de goudron. Les usagers de la gare étaient ravis de ce nouveau revêtement qui épargnait leurs chaussures en temps de pluie et de neige... Les agriculteurs étaient également satisfaits ; le chargement des betteraves à sucre, du tabac et d'autres produits s'en trouvait facilité.

J'ai supposé que ces investissements par la compagnie de chemin de fer étaient aussi liés au progrès économique de la nouvelle usine de conserves CESA (Conserves Estavayer SA) qui s'appuyait beaucoup sur le transport ferroviaire. Cette fabrique, fondée par l'infatigable Gottlieb Duttweiler en 1955, était maintenant en pleine activité. Des colonnes de wagons remplis de légumes attendaient d'être déchargés sur le quai. La direction de l'usine avait découvert avec bonheur que les jeunes hommes et femmes des communautés agricoles autour de notre ville faisaient d'excellents employés. Leur sens de la discipline et des responsabilités rivalisait avec celui des employés des régions industrialisées de longue date.

Devenue ELSA (Estavayer Lait SA) en 1998, elle transforme maintenant chaque jour 800'000 litres de lait en produits laitiers divers. Grâce à son dynamisme, l'entreprise compte bien rester un acteur majeur de la branche. Elle s'est développée en une force vitale de notre économie locale et régionale malgré les vifs conflits liés au prix du lait payé aux paysans. Cette question a été marquée par des revendications pressantes, des manifestations, des blocages de l'entrée de l'usine et même une alerte à la bombe.

La menace de la tuberculose

Depuis que j'avais écouté la première transmission radio, j'étais consciente de la menace que la tuberculose posait sur notre population. Une bonne nouvelle avait paru en 1955 dans mon Journal. Un article décrivait un vaccin qui avait été mis au point contre la tuberculose (BCG) ; il était proposé gratuitement à la population. Notre Conseil municipal a adressé un appel urgent à la population afin qu'elle se fasse vacciner. Mon médecin travaillait de longues heures, et je voyais un défilé d'enfants et d'adultes monter les escaliers menant à son cabinet dans mon annexe. Presque au même moment, un autre vaccin du Dr Salk est sorti contre la maladie invalidante qu'est la polio.

Je me rappelais les dernières années cinquante comme une époque d'innovations, mais aussi de vieilles peurs. Les premiers ordinateurs, modems, robots, cellules solaires, radios à transistors et magnétoscopes sont apparus sur le marché. Des centrales nucléaires ont été construites et la population a développé une peur traumatisante de la bombe atomique. Sur le front militaire, la stratégie semblait avoir changé, substituant de petits conflits régionaux un peu partout sur la planète aux grandes guerres mondiales, peut-être considérées comme trop perturbatrices.

Dans le respect de nos coutumes locales, le Journal d'Estavayer annonçait que le dimanche suivant, le 20 janvier, la Confrérie des Bastians ou Bons Maris célébrerait sa fête officielle. C'était le jour de la Saint Sébastien, le saint patron des tireurs d'arbalètes. La Confrérie des Bastians, fondée en 1582, regroupait à l'origine les arbalétriers d'Estavayer ; elle est l'une des plus anciennes confréries encore actives dans la ville. Le programme de la fête comprenait du tir, une messe, une assemblée, un repas et un défilé au rythme des fifres et des tambours qui se terminait sur la place des Bastians. Pour faire partie de la Confrérie, il fallait être un homme et bourgeois de la ville depuis au moins 30 ans. Le code vestimentaire officiel exigeait un manteau et un chapeau, une précaution judicieuse en janvier.

J'ai été ravie de constater un jour que, dans mon jardin, j'avais des visiteurs inattendus. C'était l'hiver 1960 et nous avons eu une vague de froid de trois semaines. Des oies sauvages de la toundra russe ont fait escale chez moi et dans les champs enneigés en face pour chercher de l'herbe. Affamées et fatiguées, elles se trouvaient à mi-chemin de leur migration entre l'Afrique du Nord et la Laponie ou la Sibérie, avec encore un long périple devant elles. Elles étaient les bienvenues dans mon jardin et j'ai regretté de ne pas avoir plus à leur offrir. J'avais l'habitude de voir une étonnante variété d'oiseaux migrateurs attirés par la vaste réserve ornithologique du lac de Neuchâtel. Cette zone était devenue une sorte d'aire de repos sur l'autoroute de leur migration. Les petites mésanges noires et jaunes qui passaient tout l'hiver dans mon jardin avaient une vie plus facile. Du grain était disposé pour elles sur le rebord de la fenêtre de ma cuisine et tout ce qu'on leur demandait était d'ajouter un peu de couleur à notre paysage hivernal.

En janvier, un mois où ma famille passe plus de temps à lire les journaux, la presse couvrait l'exploit de Jacques Piccard ! Son père Auguste avait établi des records d'altitude avec le vol le plus haut et maintenant son fils faisait de même pour la plongée la plus profonde. Avec son bathyscaphe, Jacques Piccard et le lieutenant Don Walsh de l'US Navy ont atteint le fond de la fosse des Mariannes dans l'Océan Pacifique, le point le plus profond du monde. Cette plongée historique a retenu l'attention du monde entier.

J'ai pensé que ma propre famille méritait également un peu de reconnaissance. Mon médecin, en plus d'être un physicien dévoué et très respecté, était un musicien accompli. Jouant du violoncelle, accompagné aux violons par sa femme et ses deux filles, ils formaient un talentueux quatuor à cordes très apprécié des habitants de notre ville. J'étais fière de lire les articles flatteurs écrits sur leurs prestations à l'Hospice, à la Maison des Œuvres et à diverses manifestations de charité. J'étais reconnaissante que les fondations de ma famille, basées sur le couple dévoué formé par mon médecin et son épouse, soient aussi solides que les miennes.

A cette époque, la population locale savourait une ère de paix et de prospérité. Le soir, des jeunes et moins jeunes dansaient aux rythmes des orchestres de la ville et des villages voisins. L'hiver venu, les jeunes patinaient sur la Grande Gouille, une étendue d'eau peu profonde située au bord du lac qui restait gelée tout l'hiver. Le camping était devenu une pratique populaire pour les vacances et beaucoup de monde avait visité l'exposition de camping-cars Volkswagen à Payerne. Mon Journal était rempli de publicités pour les derniers modèles de radios portatives appelées transistors, mais aussi de phono-graphes, de magnétophones, de chaînes stéréo et d'un vaste choix de disques vinyles pour enfants et adultes. Les appels téléphoniques pouvaient désormais être composés directement, sans passer par une standardiste, même à destination des pays voisins.

Les funérailles du Général Guisan

Tout le monde avait suivi les funérailles du bien aimé Général Guisan le 12 avril 1960 ; ce triste événement était couvert par les journaux, la radio et la télévision. Rarement un citoyen de notre pays avait suscité une ad-miration et une gratitude aussi profondes. La population lui était reconnaissante de l'avoir guidée à travers la folie de la dernière guerre. Il n'a jamais manqué à son devoir envers ses soldats, envers la population ou envers sa pro-fonde foi chrétienne. En raison de sa visite à notre ville vingt ans auparavant, notre population a ressenti un lien étroit avec l'estimé Général et une grande tristesse à sa disparition. Le cortège funèbre d'un kilomètre de long a passé devant une foule dense et en larmes avant d'arriver à la Cathédrale de Lausanne. Après la fanfare militaire et les autorités suisses et étrangères, le symbole le plus poignant de notre séparation de cet homme remarquable a été le passage de son cheval, sellé et seul, derrière la pièce d'artillerie portant le cercueil du Général couvert d'un drapeau.

Des trottoirs à l'avenue de la Gare

Après les obsèques, mes pensées sont revenues à mon avenue de la Gare. Depuis quelque temps, les autorités locales discutaient de la création de trottoirs et, lorsque le moment fut venu de rénover le revêtement de la rue, ils furent intégrés au plan. Jusqu'à présent, l'avenue de la Gare et les autres rues étaient utilisées simultanément par les chevaux et les chars, les voitures, les camions, autobus, piétons, bicyclettes, poussettes et chiens. Avec l'augmentation de la population et du nombre de véhicules, les accidents de la route étaient devenus d'une banalité alarmante. Mon médecin était fréquemment appelé pour soigner des blessures graves.

Des tas de gravier, de sable, de terre, de pavés et des piles d'outils arrivaient devant mon portail et le long de l'avenue de la Gare. Mes journées étaient pleinement occupées à observer cette intense activité de construction. Lorsque mon trottoir a été terminé (je le considérais comme le mien même s'il se trouvait à l'extérieur de mon portail), il mesurait 1,80 mètre de large et cinq centimètres plus haut que le reste de la route. La surface était recouverte de 20 mm de bitume et réservée aux piétons, aux poussettes et aux tricycles d'enfants ; cette voie surélevée pratique protégeait les piétons et les enfants des voitures et des camions. Une fois la ville équipée de trottoirs, le nombre d'accidents de piétons rapportés dans mon journal a considérablement diminué.

Peut-être par hasard, ma belle avenue flambant neuve a été inaugurée par un rallye international organisé par le Vétéran Car Club de Neuchâtel qui a passé par notre ville. C'était avec un brin de nostalgie que j'ai regardé le défilé de ce qu'on appelait désormais les automobiles anciennes. Un long cortège défilait devant mon portail et comprenait les vénérables marques Duisenberg, Bugatti, Martini, de Dion-Bouton, Hotchkiss, Mercedes, Delage, Essex, Hispano-Suiza, Isotta-Francini, Packard et Panhard. Quand j'étais jeune, j'avais admiré ces voitures avec leurs longs capots, leurs phares en forme d'œil-de-bœuf et leurs roues à rayons. À l'époque, c'étaient des voitures nouvelles et modernes et leur nombre était très limité. Je n'avais pas réalisé en ce temps-là que le changement était quelque chose d'inévitable. Les chevaux ont été remplacés par des automobiles, les trains à vapeur et les lampes à gaz par des trains et des lampes électriques, et les automobiles uniques par des modèles produits en série. Mais cet après-midi-là, l'avenue de la Gare m'a fait revivre les jours de gloire de l'industrie automobile.

Parmi des autres usagers de mon avenue, se trouvait la compagnie d'autocars voisine. Une publicité était arrivée dans ma boîte à lettres et attirait mon attention sur ses nombreuses sorties organisées. Bien entendu, j'observais tous les jours leurs cars manœuvrant difficilement sur la rue Saint-Pierre, beaucoup trop étroite pour de tels véhicules. La compagnie proposait des voyages en car avec hébergement en Allemagne, en France, en Italie, dans les régions montagneuses d'Autriche et dans nos Alpes ; Paris et Venise étaient également des destinations populaires. J'avais été déçue que cette gare routière ait été construite dans notre quartier au lieu d'un établissement plus culturel, mais je devais admettre que leurs voyages organisés apportaient beaucoup de plaisir à la nouvelle classe moyenne. Plusieurs compagnies de bus concurrentes se disputaient la clientèle locale. Un autre moyen agréable de voyager à travers notre région, était offert par la Société de navigation qui exploite des liaisons sur les lacs de Neuchâtel, Morat et Bienne.

Le brouillard

J'avais hâte de voir l'éclipse totale du soleil annoncée dans mon journal. Malheureusement, en raison du brouillard, un problème fréquent dans notre région à cette époque, elle n'était pas visible. Il nous a été conseillé d'être patients : la prochaine éclipse aurait lieu en 1999, dans 37 ans à peine. Attendre n'est pas un problème pour moi! Le brouillard persistant que nous avons subi était un problème non seulement sur terre mais aussi pour la navigation sur notre lac. Un système de feux d'alerte a été installé autour du lac pour avertir les bateaux du brouillard, des tempêtes imminentes ou des vents forts comme le Joran.

Bien que je m'efforce de ne pas être superstitieuse, l'éclipse présageait un autre événement sombre, cette fois proche de moi et de ma famille. L'année 1964 avait à peine commencé quand le glas a sonné longuement au clocher de notre église, son cri funèbre flottant au-dessus des toits gelés de notre ville. Il semble que c'est lorsque la vie est la plus heureuse et la plus sereine que la tragédie frappe. Mes petits-enfants se portaient bien sur le plan social et académique et le couple soudé de mon médecin et de sa femme était occupé par des activités musicales et théâtrales dans notre ville.

J'ai commencé à m'inquiéter lorsque j'ai remarqué que la charmante épouse de mon médecin passait beaucoup de temps au lit et que sa santé radieuse semblait s'effacer jour après jour. Mon médecin a fait tout son possible pour l'aider à se rétablir ; alors que son état s'aggravait, il n'a jamais quitté son chevet. À seulement 49 ans, elle a succombé à une grave maladie, plongeant la famille dans la tristesse et laissant un vide abyssal derrière elle. Notre Journal a rapporté cette véritable tragédie et décrit la femme fine et distinguée qu'elle avait été, mère de six enfants, très aimée dans sa maison et sa ville. Le Journal et la population de notre ville ont présenté leurs sincères condoléances à mon médecin, ses enfants et la famille de sa femme.

Mon médecin devenu veuf, le cœur brisé, a continué sa vie du mieux qu'il a pu, soutenu par le reste de la famille. Il a poursuivi son travail de consultation, mais semblait figé dans le passé lorsque sa femme bien-aimée était encore avec lui.

Ce drame a marqué, pour moi, le début d'une période de déclin. L'entretien habituel de ma structure se raréfiait, le docteur ne souhaitant aucun changement autour de lui. Mon jardin commençait à prendre un air négligé ;

les arbres non taillés réduisaient la lumière entrant dans la maison, et mon intérieur ressemblait aux années de guerre où l'électricité était rationnée.

Pour me distraire, j'ai regardé les passants sur l'avenue de la Gare. Les jeunes femmes étaient vêtues de minijupes, une nouvelle vogue venue de Londres, qui a bouleversé la mode féminine. Les petites filles qui passaient cajolaient des poupées Barbie.

A la porte du Casino, les gens attendaient l'ouverture de porte pour voir Brigitte Bardot à peine vêtue, dans son premier film, *Et Dieu créa la femme.*

Les touristes débarquent

Le temps a passé très vite et mon calendrier affichait déjà 1965, avec une photo de la nouvelle Ford Mustang, une voiture puissante venue des États-Unis. La Société de développement, en place depuis un siècle, travaillait sans relâche à promouvoir le tourisme de notre ville. La concurrence était rude et notre région avait moins de cartes à jouer que les régions alpines, irrévérencieusement appelées Heidiland par le personnel de l'office du tourisme. En plus, les spectaculaires vignobles de Lavaux et leur vue imprenable sur les Dents du Midi offraient des destinations de choix très proches de chez nous.

Mais notre ville n'a jamais manqué d'imagination. Ce printemps-là, une installation ingénieuse est apparue sur la plage de notre commune. Il s'agissait d'un téléski nautique, le premier et le seul du pays, le deuxième d'Europe. Quatre pylônes plantés dans le lac portaient un câble pour tracter les skieurs nautiques sur ce circuit, remplaçant ainsi un bateau à moteur. Les conversations des jeunes dans la famille et de leurs amis m'ont apporté tous les détails. L'un d'eux avait essayé et était tombé à l'eau, puis un petit bateau à moteur l'avait récupéré et ramené sur la rive.

Notre infatigable Société de développement a publié un article rappelant aux propriétaires que notre ville est connue comme la Cité à la Rose, tout en y déplorant le manque des roses. La Société a encouragé les propriétaires de la ville à faire pousser des rosiers grimpants sur leurs façades ; l'idée avait été reçue avec enthousiasme par la population. C'était le début d'une nouvelle tradition ! À la fin du siècle, les roses ornaient tous les bâtiments de la vieille ville, et un Festival des roses bisannuel rassemblait leurs producteurs, des parfumeurs et des amateurs de tout le pays. Mon jardinier a rejoint les rangs et décidé qu'un rosier grimpant serait accroché à ma façade. Je n'ai pas été consultée, même si c'est sur moi que la plante allait être fixée. Naturellement, cela ajouterait à ma beauté et je n'étais pas contre l'idée, à condition de choisir une variété qui ne m'enfoncerait pas d'épines dans mon crépi.

L'illumination de l'avenue de la Gare

En 1967, un miracle s'est produit dans mon quartier : la nuit est devenue le jour. Des lampadaires ont été installés tout le long de l'avenue de la Gare et dans d'autres rues du quartier. Cela a rendu ma vie plus intéressante, car je pouvais observer les gens qui se rendaient à la gare après la nuit tombée. Les passagers habituellement en retard qui couraient pour attraper le train avaient maintenant plus de chances d'y arriver sans trébucher sur quelque chose. Les amoureux n'étaient pas aussi enthousiastes et retiraient dans des zones moins éclairées. J'ai même eu mon propre lampadaire juste devant mon portail, donnant à mon entrée un attrait accueillant qui me plaisait.

Les enfants de mon médecin devenus adultes m'ont quittée peu à peu. La perte tragique de leur mère les avait tous affectés, le docteur plus que tout autre. La musique lui procurait encore du plaisir. Sa présence à des événements comme l'inauguration de l'orgue de l'Institut du Sacré-Cœur et ses commentaires approfondis sur les concerts étaient très appréciés et souvent publiés dans les pages de mon Journal.

Ma famille se réunissait souvent le dimanche et aimait se promener au bord du lac dans la belle saison. Notre littoral, très sauvage dans les années '60, se résumait à une jetée pour le service des bateaux réguliers et à des amarrages privés pour les bateaux de pêche. Avec le boom économique de l'après-guerre, de plus en plus de monde achetait des bateaux de plaisance.

La construction du port d'Estavayer

Le lac de Neuchâtel, avec ses 38,3 km de long et ses 8,2 km de large, le Jura d'un côté et le Plateau de l'autre, est une parfaite soufflerie. Notre club de voile, le CVE (Cercle de voile d'Estavayer), voulait construire un port pour les voiliers et organiser des régates locales et nationales. Il a obtenu une concession de l'État pour utiliser le plan d'eau au sud-ouest de la jetée, a rassemblé ses membres et ses actionnaires potentiels et présenté une proposition au Conseil communal.

Lors de la réunion du Conseil général du 24 octobre 1969, le syndic a déclaré que la ville avait de la chance que cette initiative privée soit entreprise ; une concession pour le port a été accordée. Les autorités souhaitaient conserver un certain nombre de places d'amarrage pour les habitants de la ville. Un an plus tard, le port de plaisance d'Estavayer voyait officiellement le jour. Il s'agissait d'abord de réunir la somme, monumentale pour l'époque, de 300'000 francs et de construire une jetée de 370 mètres pour les 100 premiers amarrages. Le rassemblement des fonds privés était complexe, mais il a été facilité par un prêt bancaire de 120'000,00 francs (garanti par la ville). Les passerelles, le club-house, la grue et la colonne d'essence devraient attendre l'investissement de fonds supplémentaires.

Lors de l'inauguration du port, le préfet a félicité le CVE pour avoir surmonté les nombreux défis techniques et financiers. De tous les ports sur le lac de Neuchâtel, c'était le seul qui n'avait pas touché un subside de sa commune. En 1971, une société a été créée par le CVE pour gérer les installations portuaires avec la mission de rendre la navigation accessible à tous. Les loyers des places d'amarrage étaient les plus bas du lac de Neuchâtel et des générations de jeunes de la région ont appris à naviguer lors de camps et de cours hebdomadaires dans des bateaux fournis par le CVE à un coût minime. Le port d'Estavayer et le CVE envisageaient un avenir de bons vents, ce qui fut le cas pendant près d'un demi-siècle.

Des changements à l'horizon

À l'altitude de 450 mètres où je me trouve, février est toujours un mois morose. Mais en février 1971, les nouvelles sont réjouissantes : les femmes suisses obtiennent le droit de vote et d'éligibilité sur le plan fédéral avec 66 % d'approbation en votation populaire. Il était temps ! Auparavant, seuls huit cantons avaient accordé le droit de vote aux femmes, quatre autres l'ont introduit le même jour que le vote fédéral et dix autres avant la fin de 1972. Le canton d'Appenzell Rhodes-Intérieures a résisté pendant encore 20 ans. Les femmes de ma ville se réjouissaient de pouvoir enfin participer à la vie politique de leur pays.

Durant les années soixante-dix, une période charnière, beaucoup de choses ont changé, y compris dans mon quartier. Mon Casino-Théâtre bien-aimé, construit à peine dix ans avant mon arrivée, était devenu un cinéma en 1945. Maintenant, victime de la télévision et de l'évolution des modes de vie, il a été transformé en Centre espagnol, pour l'immense plaisir des immigrés travaillant à l'usine de conserves et vivant parmi nous. De nombreuses voitures passant sur l'avenue de la Gare à cette époque, étaient des modèles japonais. Des marchandises de toutes sortes arrivaient d'Asie, où les industriels américains et européens étaient partis à la recherche d'une main-d'œuvre moins chère et de profits plus élevés, laissant derrière eux des usines désaffectées et du chômage dans leur propre pays.

J'avais hâte chaque année de voir apparaître mon nouveau calendrier sur le mur de ma cuisine. La grande déception a été l'année 1973. L'année entière était imprimée sur un torchon de cuisine avec un dessin d'une chasse à courre avec des chevaux et des chiens. Il était bien joli, mais déjà le 10 janvier il a été utilisé pour sécher la vaisselle, puis il est allé dans la lessive et je ne l'ai plus jamais revu.

Le début de mon déclin

L'année suivante touchait à sa fin lorsque ma famille et moi avons connu une véritable tragédie : le décès inattendu de mon médecin, qui m'a plongée, comme toute la communauté Staviacoise, dans un état de profond chagrin. Mon intérieur est devenu une scène de tristesse et de larmes. Des articles dans tous les journaux rappelaient le respect que cette personnalité suscitait au sein de son vaste réseau de patients et combien il était estimé et vénéré dans notre ville. Il était aussi loué pour son talent et son amour de la musique, ainsi que pour sa profonde foi chrétienne : son beau-frère, un évêque, a célébré ses funérailles. Ses enfants et moi devrions continuer sans lui, réconfortés seulement par le fait qu'il avait enfin rejoint sa femme bien-aimée pour l'éternité.

La disparition de mon médecin a marqué la fin d'une époque pour moi. Les années qui ont suivi cet événement restent floues dans ma mémoire. Mes chambres étaient occupées par des membres de la famille ou des locataires occasionnels. Mon entretien représentait des difficultés insurmontables pour la famille restante. Personne ne savait quoi faire de moi. Un soir, il y eut une réunion des enfants dans mon petit salon et j'ai entendu prononcer l'impensable : la décision de me mettre en vente ! J'étais choquée et inquiète pour mon avenir. Dans les mois qui ont suivi, les meubles ont été déplacés, les biens distribués, les souvenirs triés et répartis entre les membres de la famille. Jour après jour, j'ai été vidée des objets que j'avais l'habitude de voir tous les jours de ma vie et à la fin, j'ai été abandonnée.

Le soleil se couchait sur le Jura et le dernier membre de ma famille a tiré la porte d'entrée, l'a fermé à clé et a glissé la clé dans une fente de la porte. Elle est tombée dans une boîte à lettres à l'intérieur avec un tintement sec qui résonnait le long des murs de mon hall désert.

Les aléas de la vie

Dans le silence qui planait sur ma cuisine froide et dépeuplée, un mince rayon de lumière a percé la fenêtre. À travers la vitre opaque, il restait tout juste assez de lumière pour éclairer le calendrier accroché au mur ; l'année 1980 s'affichait en dessous d'une photo délavée des Alpes. Avant mon abandon, j'avais l'habitude de regarder mon calendrier tous les jours. Évidemment, il n'y a personne dans mon intérieur pour le changer et je ne sais même pas si celui-ci est le calendrier de cette année. Un silence pesant enveloppait toutes mes pièces : il n'y a personne, pas d'animaux domestiques, pas de radio, pas de télévision, pas de journaux, pas de chauffage et pas de musique ! Pas de vie quoi et pas de lumière non plus... mes plafonniers avaient disparu ! Il ne restait que des fils dénudés qui pendaient de mes plafonds.

La soie élégante, couleur ivoire, qui recouvrait les murs de mon salon avait tourné au gris boueux, à l'exception des carrés rectangulaires où des tableaux avaient été accrochées. Des morceaux de plâtre se détachaient des moulures décoratives qui entouraient mes plafonds, laissant des espaces vides dans le profil. Mes fenêtres laiteuses étaient dépourvues de rideaux.

J'entendais les souris dans mon grenier et sentais leurs corps poilus glisser le long des murs. Une colonie de chauves-souris avait élu domicile dans mon hall d'entrée. Leurs petites griffes s'agrippaient aux arêtes de la voûte qui formait le plafond. Elles ne me dérangeaient pas ; elles étaient même les bienvenues. À l'exception de l'écureuil qui sautait du cèdre sur mon balcon, les chauves-souris et les souris étaient les seuls êtres vivants autour de moi... C'était triste de voir mes allées de gravier, autrefois si précises et géométriques, envahies par l'herbe. Le petit bassin d'eau dans mon jardin débordait à cause des feuilles mortes qui obstruaient son écoulement ; les moutons du voisin grignotaient l'herbe autour de mon court de tennis.

Quelques personnes étaient venues avec l'agent immobilier qui essayait vaillamment de me trouver un nouveau propriétaire. J'ai observé une femme grincheuse, vêtue de fourrure, qui scrutait mes pièces.

« Non, non, non ! Ce ne va pas du tout. Regardez les salles de bains ! Et la cuisine est si démodée, » a-t-elle ajouté... inutilement à mon avis.

« Elles pourraient être rénovées, » a marmonné l'agent sans conviction.

Elle a pris son mari passif par le bras.

« Viens, mon chéri. Nous perdons notre temps ici. »

L'agent a haussé les sourcils et jeté un coup d'œil à son collègue.

« Avons-nous d'autres candidats ? »

« Pas pour le moment, ça ne sera pas facile de trouver un acheteur pour cet objet dans son état actuel! »

L'été a passé et les feuilles de mon marronnier ont viré au bronze, leur couleur d'automne. Ses feuilles vont rester par terre, comme l'année passée. Une nappe de brouillard s'installait dans les recoins du parc et l'air frisquet formait une buée sur mes fenêtres.

« Le système de chauffage date de quand ? » a demandé un homme dans mon petit salon.

« 1970, » a répondu l'agent.

« Ça doit coûter une fortune de chauffer ce bâtiment avec le prix actuel du mazout ! »

Voilà, ce que j'entends tout le temps : trop grand, trop cher à chauffer, état délabré, vétuste, démodé, beaucoup de travaux à faire, etc. De surcroît, je n'ai vu personne parmi les candidats que je voudrais comme propriétaire ! Bon... personne n'a demandé mon avis ! Je voyais que les agents immobiliers se décourageaient peu à peu et doutais qu'ils trouveraient un acheteur avant l'hiver. Le soleil se levait sur un nouveau jour désolant et l'insupportable silence est revenu.

Attendez ! Attendez ! ... il se passe quelque chose !

Les deux hommes de l'agence que j'avais l'habitude de voir dans mon petit salon, étaient de retour. Par leurs gestes, je pouvais voir qu'ils étaient excités. Ils avaient reçu une offre !

« Ce sont des étrangers, » a expliqué l'un d'eux.

« Ça complique tout ! Ils prétendent qu'ils ont un permis de séjour, mais je dois reparler avec eux afin de le vérifier. Je ne veux pas me trouver devant le notaire et avoir des complications qui empêchent l'aboutissement de la vente. Ils ne sont pas européens, vous savez ! »

Je suis vendue à des étrangers !

J'ai été surprise d'apprendre plus tard que les formalités de la vente avaient été notariée par mon petit garçon, qui n'avait que quatre ans lorsqu'il s'est installé chez moi en 1912. Il avait maintenant près de 80 ans et était depuis longtemps à la retraite, mais la famille souhaitait qu'il signifie mon passage au nouveau propriétaire. J'ai été touchée par cette délicate attention et heureuse que ma famille pense encore à moi dans cette période difficile. Le maître utilisait une machine à écrire manuelle : le contrat était dactylographié en trois copies carbones, et les modifications devaient être réduites au strict minimum afin d'éviter de tout retaper. J'ai été vendue "telle quelle", c'est-à-dire dans l'état au moment de la vente, sans garantie aucune. Pas très flatteur pour moi !

Au début, mes étrangers venaient pour travailler seulement le week-end. Ils faisaient tout ce qu'ils pouvaient imaginer pour chasser les chauves-souris de mon entrée ; ils n'ont pas réussi. Enfin, ils ont fermé le hall, ouvert la porte d'entrée et sont rentrés chez eux pour la semaine. Il n'y avait aucun risque de cambriolage : mon intérieur avait été dépouillé de tout ce qui avait de la valeur. Les chauves-souris ont finalement abandonné leur squat et trouvé à se loger ailleurs. Il commençait à faire froid, et j'avais hâte que mes nouveaux propriétaires emménagent et allument le chauffage. Je me réjouissais d'entendre à nouveau des conversations et de recevoir mon journal pour me tenir au courant des nouvelles et des activités de nos sociétés locales. J'ai dû en manquer beaucoup pendant la période où j'étais inhabitée.

Enfin, le jour tant attendu est venu où mes nouveaux propriétaires se sont présentés dans mon hall d'entrée. La famille se composait d'un homme, grand et solide, d'une épouse plus jeune et d'un adorable petit garçon aux cheveux roux que je n'avais jamais vu auparavant, sans oublier un berger allemand appelé Nitro et un chat siamois nommé Glycérine. J'étais impatiente de savoir quelle impression j'avais fait sur la famille et ce qu'ils avaient à dire sur moi.

Mon Dieu ! Quelque chose ne va pas ! Mais vraiment pas du tout !

Je n'ai pas compris un mot de ce qu'ils disaient ; ils parlaient une sorte de charabia qui n'avait aucun sens. Quand j'ai appris que mes nouveaux propriétaires n'étaient pas européens, il ne m'est jamais venu à l'esprit qu'ils ne parlaient peut-être pas français. Après une si longue période d'inactivité et de silence, cela a été un revers douloureux. Je me suis demandé quelles autres surprises désagréables ils me réservaient !

Ils ont changé mon nom. Inimaginable !

Comment ces étrangers vont-ils communiquer avec les commerçants et les voisins ? Il n'a pas fallu longtemps pour qu'un maître d'œuvre se présente, et là, j'ai découvert que mes étrangers ne parlaient pas seulement leur charabia, mais aussi français, certes avec un accent curieux et beaucoup d'erreurs grammaticales ! J'étais un peu vexée qu'ils ne pensent pas à moi et parlent que français. Je m'efforçais de ne pas adopter une attitude négative à leur égard. Mais le pire était encore à venir ! Ils ont changé mon nom. Pouvez-vous imaginer cela ? Je ne pensais pas qu'une telle chose soit possible ou même légale. Pendant sept décennies, j'avais été connue sous le nom de La Villa Saint-Pierre. Qu'allait penser le voisinage ?

La première fois qu'il m'a vue, le mari est tombé amoureux de moi. Un coup de foudre que j'ai estimé fort compréhensible. En revanche, la maison de rêve de sa femme était un chalet moderne avec beaucoup de fenêtres donnant sur le lac Léman. Elle avait le cœur brisé que c'était moi que désirait son mari. Même si nous ne nous entendions pas au début, j'ai été forcée de l'admirer ! Toutes les femmes ne sont pas près d'abandonner leur rêve afin d'assurer le bonheur de leur mari.

« Tu es exactement comme Lady Baltimore, » dit le mari.

« Je vais renommer cette maison My Lady's Manor. »

« Lady Baltimore ! Qui est-elle ? »

« C'était la femme de Lord Baltimore, gouverneur de la colonie du Maryland sous le roi George, il y a 300 ans. Pour persuader sa femme de s'installer dans la colonie, Lord Baltimore lui a donné 10'000 acres de terre sur la côte atlantique et y a construit un beau manoir qu'il a appelé My Lady's Manor. Le domaine a été morcelée de nombreuses fois au cours des derniers deux cents ans, depuis que la colonie était devenue une partie des États-Unis. Je suis né et j'ai grandi sur ces terres. Cette région avec ses champs de tabac et ses chevaux me rappelle le Maryland. Voilà, l'histoire, My Lady, » dit-il en prenant tendrement sa femme dans ses bras.

Je me sentais obligée de lui pardonner. Ce qu'il a fait, par amour pour moi, relevait peut-être d'un léger manque de discernement. D'un point de vue architectural, je suis une maison de maître et non pas un manoir, qui devrait se trouver en dehors de la ville.

Le calendrier défraîchi accroché toujours sur le mur de ma cuisine était jeté à la poubelle, symbole revigorant de la nouvelle étape de ma vie. Les journaux et les magazines firent à nouveau leur apparition dans la maison, mais ils s'appelaient désormais : International Herald Tribune, Time, Newsweek et National Geographic, et évidemment, je ne pouvais pas les lire.

Le temps perdu

Tout en travaillant à la rénovation de mon intérieur, les membres de ma nouvelle famille jouaient une musique étrange, appelée Country et Western et accompagnée par une guitare. Je n'avais jamais entendu ce genre de musique. Heureusement pour moi, la Schubertiade de la Radio Suisse Romande Espace 2, une grande fête de la musique classique, se passait dans notre ville en septembre 1982. Par chance, le vent soufflait du nord le samedi soir lors du concert de gala avec un orchestre et des choristes. Quel plaisir d'écouter de nouveau de la musique classique !

Ma nouvelle famille n'a pratiquement jamais éteint la radio. Après ma longue période de silence, j'aurai pu à nouveau rattraper ce qui se passait dans le monde extérieur.

L'orchestre de notre ville, La Persévérance, fêtait son 100ème anniversaire. La radio fribourgeoise a diffusé leurs prestations les plus connues ; un concert rétrospectif été organisé en mars. C'était merveilleux d'écouter de nouveau cet orchestre qui m'avait accompagnée tout au long de ma vie.

C'était aussi rafraîchissant de pouvoir être à nouveau informée ; moi qui ai toujours aimé être au courant de tout. Quelques semaines plus tard, j'ai eu la joie de trouver un exemplaire du *Le Républicain* dans ma boîte aux lettres ; c'est notre journal local et il vient de l'imprimerie juste en face de chez moi. Mes propriétaires l'étalent sur la table de la salle à manger comme Madame l'avait fait par le passé. C'était rassurant de retrouver une vieille habitude de lire par la lumière de la baie vitrée.

Le Républicain décrivait un projet audacieux en ville qui avait transpiré pendant que j'étais inhabitée et dont j'ignorais tout ; il s'agissait de la naissance d'un centre commercial qui promettait de revitaliser l'économie locale. Au lieu d'être un complexe moderne situé à l'extérieur de la ville, généralement le cas des centres commerciaux, il s'agissait de toute la rue du Camus, du côté nord de la vieille ville.

Commençant à l'angle par des bâtiments agricoles appartenant aux sœurs dominicaines, la rue subissait une transformation complète pour accueillir une pharmacie, une boucherie, une épicerie et un magasin de musique au niveau de la rue avec des bureaux d'assurance, d'architecture et d'ingénierie au premier étage. Selon le journal, la population a accueilli favorablement cette initiative intelligente qui allait ralentir l'exode de la clientèle locale vers les grands centres commerciaux de la région.

La réalisation de ce complexe n'était pas une mince affaire en raison des contraintes de construction dans la vieille ville. Pour prévenir les atteintes prévisibles à notre patrimoine, un groupe d'habitants a créé une association pour la défense de la vieille ville.

Grâce à la famille de Vevey, l'une des plus anciennes de notre cité, l'association a préparé un catalogue d'images des bâtiments à l'intérieur des remparts. L'association a précisé qu'elle entendait collaborer au développement harmonieux d'une ville vivante et énergique, qui conserve son aspect médiéval et son caractère unique.

Durant ma période d'isolement du monde extérieur, un conflit a fait irruption entre la ville et sa plus grande industrie, l'usine de conserve et de transformation du lait. Au milieu des années '50, lorsque les premiers bâtiments de l'usine sont apparus à l'extérieur des anciens murs de la ville, personne n'imaginait la taille massive qu'elle prendrait quelques décennies plus tard. Avec un chiffre d'affaires annuel de 240 millions de francs, elle était devenue un géant qui se profilait à l'entrée de la veille ville.

Son emprise toujours plus grande, à deux pas de nos anciens remparts, ne laissait personne indifférent. Si de vives discussions ont parfois eu lieu entre les industriels, qui emploient un quart de la population active de la ville, et les autorités, elles ont été généralement résolues, et ce dans l'intérêt de tout le monde.

Surprise en bien par mon nouveau propriétaire !

J'étais encore une nouveauté pour les amis de mes étrangers, et un défilé de visiteurs venait me voir. J'ai écouté une conversation d'un des visiteurs en route pour Berne.

« Pourquoi as-tu choisi ce mastodonte, Jack ? Vous êtes une famille de trois personnes. »

« Cette maison possède un charme particulier. Elle a été construite à une époque où la beauté était une condition préalable aux bâtiments. »

« Vous n'auriez pas pu trouver quelque chose de plus moderne ? »

« Bien sûr, » répondit Jack, « mais qui veut vivre dans un bunker moderne, carré et sans âme, quand on peut avoir une maison avec du caractère et sa propre histoire ? »

Je ne peux pas vous dire à quel point j'étais heureuse d'entendre quelqu'un parler de moi comme ça. C'était merveilleux d'être appréciée à nouveau après ma longue période de dénigrement et de négligence.

Oui... J'allais vraiment aimer ce Monsieur Jack.

J'étais impatiente de retrouver la beauté immaculée dont je jouissais autrefois. Je savais que j'avais des problèmes structurels qui nécessitaient une attention immédiate. Depuis plusieurs années, j'avais senti une érosion sérieuse sur le pilier d'angle de mon portique et j'avais peur des dommages irréparables. J'ai été soulagée lorsque mes nouveaux propriétaires ont démonté le portique et remplacé les parties détériorées.

Le long de l'avenue de la Gare, les gens s'arrêtaient à nouveau pour voir ce qui se passait et spéculaient sur l'identité de mes nouveaux occupants. Cela m'a rappelé de bons souvenirs de 1911 pendant ma construction quand les calèches des curieux s'arrêtaient devant ma porte. Seulement maintenant, les gens conduisaient des voitures et si l'une d'elles s'arrêtait, les voitures derrière klaxonnaient avec impatience.

Mes nouveaux occupants travaillaient de longues heures et pendant les week-ends pour me mettre en état. Étant étrangers, ils ne savaient pas qu'ils n'étaient pas censés travailler le dimanche, jour de culte et de repos dans cette région profondément catholique. Une fois les voisins leur ayant expliqué les coutumes locales, ils ont transféré leurs activités de rénovation le dimanche à l'intérieur.

Ma vie de caserne

Une nuit, peu après l'emménagement de mes nouveaux propriétaires, quelque chose d'étonnant s'est produit : mon intérieur, du grenier au sous-sol, était rempli de soldats. Cela m'a rappelé l'année 1914, lorsque 3000 soldats d'infanterie sont entrés dans la ville pour y passer la nuit. Cela avait été ma première expérience comme caserne ! Mon nouveau propriétaire travaillait tard la nuit, comme il en avait l'habitude, quand une frappe urgente à ma porte a résonné dans le hall d'entrée : un capitaine de l'armée suisse se tenait sur le pas de ma porte.

« Désolé de vous déranger, » dit-il. « Nous effectuons des manœuvres dans la région et j'ai besoin d'un endroit où mes hommes peuvent dormir. Nous avions prévu d'utiliser l'école Stavia en face, mais elle est fermée et nous n'avons pas réussi à trouver le concierge. J'ai vu une lumière et je me demandais si certains de mes hommes pourraient passer la nuit chez vous ? »

« Bien sûr, entrez ! Nous venons d'emménager et la maison est en désordre, mais il y a beaucoup de place.

Combien d'hommes avez-vous ? »

« Environ une douzaine, » a répondu le capitaine.

Mon propriétaire a conduit l'officier au deuxième étage et au grenier non aménagés, au sous-sol et dans l'annexe. L'officier a posté un garde à côté de la porte d'entrée et un autre dans le hall en dessous des escaliers. En suivant des signes de la main, les soldats sont entrés dans la maison ; une douzaine d'hommes sont passés, puis vingt, trente, quarante, cinquante, soixante... Mon propriétaire s'est approché du capitaine :

« Combien d'hommes avez-vous vraiment, Capitaine ? »

« 101 ! D'autres groupes se sont joints à nous. Il me semblait qu'il y avait assez de place ici ! »

Le lendemain matin, le soleil s'est levé sur un spectacle étrange. Des soldats dormaient dans mon salon, mon petit salon et les étages supérieurs, où ils étaient arrivés pendant la nuit sans faire de bruit. Une cuisine de campagne avait été aménagée dans le sous-sol de mon annexe, où l'on préparait le petit-déjeuner pour la troupe.

Plaçant une tasse de café à bonne distance du lit, Jack réveilla doucement sa femme.

« Ne panique pas, chérie, mais une centaine de soldats ont emménagé dans la maison pendant la nuit ! »

« Quoi ? » s'écria-t-elle en se redressant brusquement.

« Les soldats de qui ? Est-ce que nous sommes envahis ? »

« Bois ton café, chérie ! Je te raconterai tout ça. »

Elle a écouté les événements incroyables de la nuit. Dans l'excitation, le couple avait complètement oublié une invitée qui était arrivée la veille.

« Tu ferais mieux de lui expliquer la situation pour qu'elle n'entre pas dans le hall en sous-vêtements ! »

« Bien sûr,» ricana sa femme, « on va bien s'amuser ! »

L'invitée, une Américaine divorcée de 40 ans, était ravie de la tournure des événements.

« Une centaine de soldats ! Ouah ! Vous savez vraiment bien recevoir une femme. »

Des jeeps arrivaient avec des provisions, et les repas étaient préparés dans la cantine au sous-sol. Les soldats donnaient au petit garçon et à ses amis leurs rations de chocolat. Les tipis de fusils étaient empilés dans le jardin et Nitro, le berger allemand, patrouillait fièrement les périmètres avec un officier.

Le vendredi venu, les soldats disparurent aussi subitement qu'ils étaient arrivés.

En silence, mes étrangers regardaient le convoi de l'armée s'éloigner sur l'avenue de la Gare. La semaine avait été passionnante.

Mes pièces semblaient soudainement incroyablement vides et mes propriétaires tournaient en rond dans leur espace qui paraissait bien plus vaste qu'il ne l'était la semaine avant.

Ma porte d'entrée bien gardée

La Grande Cariçaie

Le défrichage de mon jardin se poursuivait, non sans problèmes pour le semis de mon gazon ; en effet, des volées d'oiseaux s'y étaient posées pour goûter aux excellentes graminées fournies par mes nouveaux propriétaires. Les semences ont toutes disparu en un rien de temps !

« D'où viennent tous ces oiseaux ? » a demandé ma propriétaire à la voisine.

« De la Grande Cariçaie ! »

« Et c'est quoi la Grande Cariçaie ? »

« Une réserve naturelle au bord du lac, elle abrite des dizaines de milliers d'oiseaux migrateurs et indigènes, » a-t-elle répondu.

L'herbe a été réensemencée pour la troisième fois et quelques moulins et tourniquets ont été plantés dans le sol pour éloigner les oiseaux. Mes propriétaires allaient forcément en apprendre davantage sur la Grande Cariçaie;

l'utilisation de cette zone avait fait l'objet de conflits passionnés et de litiges amers. Ses 3000 hectares étaient colonisés par une multitude d'espèces d'oiseaux et d'animaux. L'Association de la Grande Cariçaie avait été créée et chargée de leur protection. Certaines des espèces migratrices y sont si heureuses qu'elles se sédentarisent et ne migrent plus.

Carnaval, mieux vaut ne pas être une perche !

En février, le comité d'organisation du Carnaval a formé son cortège sur la route Saint-Pierre. Sous le regard bienveillant de la statue du saint, cette petite rue obscure et tranquille a retenti d'une cacophonie assourdissante. Des chars décorés, tirés par des tracteurs, avec des musiciens, des danseurs et des enfants, se sont mis en place. Les musiciens accordaient leurs instruments, les enfants criaient et jetaient des confettis, tandis que les groupes de Guggen répétaient leur musique dissonante. Les membres des clubs sportifs étiraient leurs tendons et couraient sur place pour s'échauffer. Pour mes étrangers, cela ressemblait à un véritable chaos ; ils se sont joints à la foule et ont offert du vin aux participants et du chocolat aux enfants.

« Vous êtes allés voir la pendaison de la perche ? » a demandé un des voisins.

« La pendaison de la perche ? Non, » répondait mon propriétaire. « Nous n'étions pas au courant. Pourquoi l'avez-vous pendue ? Qu'est-ce qu'elle a fait ? »

« Non, non, vous ne comprenez pas, » dit le voisin en riant. « On la pend à un poteau, on la fait défiler dans les rues, puis on y met le feu ! »

« Mieux vaut ne pas être une perche dans le coin, » a chuchoté sa femme.

Un coup de sifflet a retenti et le voisin, avant de pouvoir donner d'autres explications, avait rejoint les chars et les groupes qui se sont éloignés en direction de la ville. Mes étrangers avaient encore beaucoup à apprendre sur les traditions locales ! La perche en question était une immense reproduction en papier mâché de ce poisson que l'on brûlait pour symboliser la fin de l'hiver. Après le départ des chars, la statue de Saint-Pierre et la ruelle ont retrouvé leur existence sereine... sous une épaisse couche de confettis.

Mon Dieu, ces vieux rideaux sont toujours là ?

Au fil du temps, M. Jack est toujours resté amoureux de moi et j'étais soulagée de voir qu'enfin j'avais également gagné l'affection de sa femme. Je n'étais peut-être pas la maison de ses rêves, mais j'étais un rêve de projet de rénovation ! Dans mes nombreuses pièces, elle pouvait travailler là où son inspiration l'amenait et laisser les produits et outils en place aussi longtemps que nécessaire. La rénovation avait progressé rapidement, mais tout à coup, le travail s'est arrêté. J'ai observé ma propriétaire assise dans mon salon pendant des heures, se débattant avec un problème.

Un après-midi, elle dit à son mari :

« Je ne sais pas quoi faire. Ces lourds rideaux de velours sont des vestiges d'une autre époque et il me semble un sacrilège de les enlever. D'un côté, j'avoue que je suis intimidée par la femme qui les a choisis; elle n'approuverait probablement pas que je les enlève! D'un autre côté, les valences empiètent d'un demi-mètre dans la pièce ; elles dominent tout. »

« Ma chérie, » a répondu son mari, « si la femme qui a choisi ces rideaux entrait dans cette pièce aujourd'hui, elle dirait...

« Mon Dieu, ces vieux rideaux sont toujours là ? »

Sa femme éclatait de rire et j'ai pensé à Madame, qui avait choisi ces rideaux à l'époque. M. Jack avait raison : elle les aurait jetés il y a bien des années.

« Je vais tout enlever. Quand la pièce sera vide, elle me dira ce qu'elle veut ! »

J'étais si heureuse de l'entendre parler comme ça ; cela signifiait qu'elle prêtait attention à ma personnalité et à mes sensibilités. Lorsque les moulures ont été ôtées, la soie originale, maintenant tachée et moisie, a été enlevée.

En dessous, à leur grande joie, mes propriétaires ont découvert la signature du décorateur original, G. Moser et H. Cottier, Tapissiers chez Les fils de Henri Bobaing, et la date de 1912 inscrite sur le plâtre. C'était la deuxième fois que je voyais cette inscription. Il y a soixante-dix ans, je regardais les décorateurs écrire leurs noms sur le mur de mon salon. Même Madame n'avait pas vu la signature parce que les travaux étaient terminés lorsqu'elle s'était installée.

Surrexit - Vous savez chanter ?

Les allées et venues de mes étrangers étaient observées de près par le voisinage ; ils se sont intégrés mieux que je ne l'espérais. Leur caractère informel et ouvert, typique de leur pays, leur permettait de se faire des amis facilement. Je me demandais néanmoins s'ils allaient pouvoir s'adapter à nos coutumes locales et à notre mode de vie.

Le samedi précédant Pâques, un voisin est passé chez nous. Il a mentionné qu'il comptait participer a la procession du Surrexit ! Le couple d'Américains, fasciné par cette coutume ancestrale, a demandé s'il pouvait également y participer :

« Êtes-vous catholique ? » a demandé le voisin à Jack.

« Non. »

« Vous savez chanter ? »

« Non. »

« Moi, je peux chanter, » a dit sa femme.

« C'est seulement pour les hommes, » a dit le voisin.

« Oh ! On peut se joindre alors au cortège ? »

« Bien sûr. Beaucoup de gens le font. Ça commence à minuit à l'église. Portez des vêtements chauds ! »

À minuit, une procession d'hommes pouvait être observée descendant les marches de l'église, allumant leurs torches et partant à vive allure sur un chemin prescrit. Ce rituel avait été respecté durant des centaines d'années. Parmi la population suivant les chanteurs du Surrexit, il y avait mes étrangers, emmitouflés dans leurs doudounes, luttant pour suivre le rythme rapide des chanteurs.

Mon nouveau décor italien

Peu après Pâques, à ma grande surprise, trois grandes caisses sont arrivées devant ma porte ; elles venaient d'Italie et contenaient des lustres en cristal d'une longueur d'un mètre. J'avais vu mes étrangers en train de suspendre une corbeille à papier à une corde dans ma salle à manger et l'abaisser lentement jusqu'à ce qu'elle soit à une certaine distance du plafond. C'était amusant de les observer ! Mes plafonds de 3,2 mètres posaient un problème d'éclairage. Les petits plafonniers, prévus pour une maison moderne, n'éclairaient rien d'autre que le plafond lui-même.

Lorsque les lustres ont été installés en enfilade dans mes salons et dans ma salle à manger, j'ai été ravie. Reflétée dans le miroir au-dessus de ma cheminée, c'était une galerie de glaces comme au château de Versailles que j'avais vu dans mes premiers magazines L'illustration... en beaucoup plus petit, bien évidemment. J'ai pensé à mes ouvriers italiens de 1912, ils auraient été fiers de me voir dans mon nouveau décor.

Le paradis retrouvé

Dans les zones de mon terrain encore en friche, mon petit garçon s'ébattait joyeusement avec ses camarades de classe, se cachant dans les buissons et sautant par-dessus les obstacles. Mon parking montrait crânement une Maserati Indy et une Ferrari GT330 que mon propriétaire roulait avec enthousiasme au col de Cheyres. Nitro le berger allemand patrouillait à ma périphérie et me protégeait des intrus, tandis que Glycérine tenait les rongeurs à distance. Mes couloirs résonnaient des pas d'enfants et ma salle à manger vibrait des rires des invités et du tintement des verres. J'avais à nouveau une famille et je me sentais heureuse et pleine de vie.

Mon télex

Un après-midi, M. Jack s'est appuyé contre la porte de mon annexe, a allumé sa pipe pensivement et s'est adressé à sa femme :

« Je partirai jeudi. Pendant mon absence, pourrais-tu commander un télex aux PTT ? »

Mon télex était un des premiers en notre ville; c'était un système de très haute technologie, utilisé pour envoyer des messages écrits convertis en signaux, transmis et imprimés dans un autre endroit. Il cliquetait et crachait tout seul de longues feuilles de papier, même pendant la nuit. M. Jack voyageait beaucoup au Moyen-Orient, traitant avec des systèmes de communication complexes, tandis que, chez moi, sa femme travaillait sans relâche à ma rénovation. J'étais flattée de toute cette attention.

Pendant cette période, j'ai appris à bien la connaître et nous sommes devenues très proches.

Ayant entendu dire que la Bénichon était une fête des moissons, mes étrangers ont invité leurs voisins. Ils leur ont servi une dinde rôtie avec sa farce et ses garnitures de canneberges et de pommes de terre douces. Les invités étonnés ont expliqué le menu spécial consommé à la Bénichon et les Américains ont décrit la tradition américaine du Thanksgiving. Bien que la tradition locale ait été quelque peu sabotée cette année-là, les voisins ont apprécié le repas et ont eu quelque chose de nouveau à raconter.

Au fil du temps, le télex de mon annexe a été remplacé par un fax ; celui-ci permettait de transmettre à la fois des images et du texte. Mon télex me manquait ; je m'étais habituée au bruit de scie à bois qu'il émettait lorsqu'il imprimait la page, surtout la nuit, la part de la journée la plus ennuyeuse pour moi !

La bénédiction des bateaux

Le dimanche le plus proche du 10 août a eu lieu la célébration de l'une de nos plus anciennes traditions : la bénédiction des bateaux. J'avais lu des articles à ce sujet dans les journaux depuis plus d'un siècle. C'était un jour très important pour la Noble Confrérie des Pêcheurs.

L'événement a commencé par une messe à l'église et une procession jusqu'au port où les bateaux et le matériel de pêche ont été bénis. Les membres de la Confrérie étaient pour la plupart issus de familles de pêcheurs et entretenaient des liens fraternels de solidarité et d'entraide.

Lors des cérémonies officielles, ils étaient reconnaissables à leur tenue vestimentaire : maillot blanc avec le motif de la vague surmonté des armoiries de la ville, pantalon et chaussures foncés, béret et écharpe. La couleur de la vague sur le maillot varie en fonction du rang de manière très stricte : compagnons de pêche, compagnons d'armes, compagnons d'aumônerie, collègues honoraires. Pour être admis dans la Noble Confrérie des Pêcheurs, les candidats doivent en faire la demande au Gouverneur, être parrainés par un membre et acceptés par les deux tiers des confrères.

Mes étrangers, intéressés comme toujours par les traditions locales, ont suivi la procession de la Collégiale jusqu'au port en compagnie de la population de notre ville. Sur le chemin du retour, ils sont passés devant un chantier naval qui avait un petit sloop vert à vendre ; il s'appelait La Grenouille. Ce jour-là, ma famille a rejoint les rangs de la population nautique de notre ville ; ils sont devenus membres du CVE, le club de voile, et ont inscrit leur jeune fils à des cours hebdomadaires. En cette époque heureuse et sereine, ma propriétaire ne se doutait pas du réconfort que La Grenouille lui apporterait dans la période difficile qui l'attendait. L'année suivante, avec les autres bateaux du port, La Grenouille a été dûment bénie le dimanche le plus proche du 10 août.

Chaque année, le nombre de bateaux sur notre lac augmentait. À la fin de l'été, à l'avenue de la Gare, je regardais le long défilé de bateaux remorqués par de robustes véhicules 4x4, en route pour leur cale sèche à Berne ou Bâle. Petit à petit, ce défilé a fait partie des signes de l'arrivée de l'automne tout comme la livraison des betteraves, le ramassage des noix par les écureuils qui habitent dans mon cèdre et la course à pied Morat-Fribourg.

L'édition 1985 de cette dernière course a enregistré un record absolu avec 16'338 participants ; les journaux étaient remplis d'articles enthousiastes. Mon visiteur de 1933, qui avait participé à la première course avec 13 autres coureurs, devait avoir plus de 70 ans maintenant. S'il était encore en vie, je me demandais ce qu'il penserait de son évolution.

Les derniers moulins

Profitant de regarder mon garçon jouer avec le chien, j'ai vu notre voisin, M. Pillonel, entrer dans le jardin; il venait partager un verre avec mes propriétaires et leur donner des nouvelles de son moulin. Jusqu'en 1950, le moulin fonctionnait à l'énergie hydraulique et était équipé d'une fraiseuse. À cause d'un récent changement de loi, supprimant l'aide fédérale aux producteurs de blé, il avait été contraint de fermer son moulin comme 300 autres moulins du pays ; j'ai été désolée d'apprendre cette triste nouvelle. Malgré ce revers, M. Pillonel a déclaré qu'il continuerait à entretenir son moulin pour sa valeur historique.

Recherches archéologiques

Dans les années '80 et '90, nous avons appris qu'une autoroute allait traverser notre région. Le projet a suscité beaucoup de controverse et de désaccords au sein de la population. Avant que toute excavation ou construction ne puisse être entreprise, le patrimoine historique et préhistorique de la région devait être documenté. Le réseau financé par le Conseil fédéral a déclenché une période de recherches archéologiques sans précédent dans la région des trois lacs. Sur un fond de grondement de bulldozers, un effort frénétique a été entrepris pour sauver des traces d'une ancienne civilisation lacustre construite sur pilotis.

À cette époque, par un après-midi ensoleillé, je lisais Le Républicain sur mon portique. Ma propriétaire me tournait les pages. Tout à coup, deux hommes sont entrés par mon portail du côté de la gare ; ils étaient américains et apportaient à mes propriétaires des salutations d'un ami commun au Texas.

Il s'agissait de deux archéologues qui géraient un projet de la Fondation Earthwatch en coordination avec le Service d'archéologie de Neuchâtel pour cartographier le fond du lac de Neuchâtel. L'un d'entre eux était le Dr. Garrison, professeur, auteur et spécialiste de la technologie des géoradars à pénétration du sol. Les archéologues avaient besoin des coordonnées géométriques du lac de Neuchâtel afin d'installer des transpondeurs le long du littoral ; on leur avait conseillé de consulter mon M. Jack. Pour ma nouvelle famille, c'était une occasion agréable de se retrouver avec des compatriotes. Ils ont passé la soirée dans mon jardin à griller des steaks, à rire et à critiquer la politique étrangère des États-Unis.

Le lendemain, ils ont installé un mât d'antenne à travers la lucarne de mon grenier et à deux autres endroits sur le lac pour effectuer une triangulation. J'éprouvais une sensation étrange d'avoir ce mât d'antenne dépassant mon toit jour et nuit ; les oiseaux, par contre, semblaient l'apprécier. Les chercheurs avaient travaillé sur des fouilles partout dans le monde et c'était agréable d'écouter leurs conversations jusqu'au petit matin. En comparaison, mon univers de l'avenue de la Gare, semblait bien petit.

Lorsque la cartographie a été terminée, les archéologues ont amené une équipe dont le travail consistait à plonger vers les endroits du lac censés abriter des objets d'intérêt concernant les époques du néolithique et du bronze. Les conditions de plongée n'étaient pas des plus faciles en raison de la faible visibilité, des thermoclines et de la recherche en eau peu profonde couverte de surcroît d'une couche de vase. Dans mes salons, les archéologues discutaient longuement de ces problèmes et j'ai compris qu'ils s'inquiétaient de ne pas pouvoir tenir les délais prévus.

« Votre ami du Texas m'a dit que vous et votre femme étiez des plongeurs sous-marins. Pensez-vous que vous seriez en mesure de rejoindre notre équipe pour quelques semaines afin de nous aider à avancer plus vite ? » demanda le professeur à mon propriétaire.

« Malheureusement, je pars pour l'Égypte demain, mais ma femme pourrait peut-être le faire si nous pouvions organiser le travail de bureau et les devoirs de mon fils. »

Je n'ai pas aimé entendre ça. Je ne pensais pas qu'il était sain pour ma propriétaire de passer ses journées sous l'eau et ce n'était certainement pas une besogne appropriée pour une dame. Je ne pouvais même pas imaginer pourquoi quelqu'un voudrait se traîner au fond d'un lac. Un grand effort avait été fait pendant ma construction pour s'assurer que je sois parfaitement étanche. Sous l'eau, ma peinture se décollerait, je moisirais, mon métal rouillerait et mon bois pourrirait. Cela me donne des frissons rien que d'y penser. Avec inquiétude, j'attendais la réponse de ma propriétaire.

« Je ne suis pas sûre d'être qualifiée pour ce travail, » a-t-elle répondu.

« Ça va très bien aller, » dit le professeur. « Allons voir votre matériel de plongée ! »

Donc, ma propriétaire a rejoint le peloton de près de 200 archéologues, techniciens et étudiants de différents pays qui, au plus fort de cette période de recherche, était en train de fouiller le littoral du lac de Neuchâtel et le lac lui-même. Une équipe de plongeurs logeait dans mes chambres. Mon sous-sol débordait de bouteilles d'air comprimé et de palmes en caoutchouc. Des combinaisons dégoulinaient sur les cordes à linge de ma buanderie et des maillots de bain séchaient sur mes balustrades. Les pilotis gorgés d'eau, les vieux os et les morceaux de poterie parfaitement inutilisables suscitaient beaucoup d'intérêt de la part de mes hôtes. La race humaine ne manquera jamais de m'étonner.

La correction des eaux du Jura

À travers les conversations qui se déroulaient partout dans mon intérieur, j'ai compris que ces recherches permettaient de mieux comprendre la vie qui s'était déroulée sur les rives du lac de Neuchâtel au cours des périodes paléolithique, néolithique, de l'âge du bronze, de l'âge du fer et romaine. Ma bibliothèque commençait à accumuler une vaste quantité de livres et parmi eux *La première et la deuxième correction des eaux du Jura*. Tout le monde se réunissait dans le bureau pour le consulter et j'ai beaucoup aimé écouter leurs discussions et leurs observations. J'étais en train de devenir une experte en géographie locale.

J'ai appris qu'entre 1868 et 1891 la plus grande intervention de gestion des eaux jamais réalisée en Suisse a été entreprise. Ce gigantesque programme d'aménagement a déplacé des millions de mètres cubes de terre pour créer les canaux de la Thiele, de la Broye, de Hagneck et de Nidau-Büren. Suite à ces travaux, mon lac bien-aimé a perdu 23,7 km2 de sa surface. De nombreux vestiges apparaissaient miraculeusement, devenant des témoins inestimables de la vie des hommes préhistoriques de la région. Les objets précédemment immergés au fond des lacs comprenaient de l'or, de l'ambre, des pots en terre cuite, des pirogues, des roues en bois et les plus anciens textiles trouvés en Europe à ce jour.

Entre 1962 et 1973, la deuxième correction a été réalisée. Suite à ces deux interventions, le niveau des lacs a baissé d'environ 3,7 mètres. Les ports, les quais et les bateaux ont dû s'adapter au niveau d'eau modifié, mais la précieuse terre asséchée entre les trois lacs est devenue le jardin potager de la Suisse.

Des mosaïques grandioses

Pendant que mon propriétaire et le professeur effectuaient leurs recherches subaquatiques, une spectaculaire découverte terrestre fut faite pas loin de chez moi : suite à un carottage dans le village de Vallon, un mètre carré d'une mosaïque romaine a émergé de terre. Pour la première fois en 2000 ans, il voyait la lumière du jour. Comme Vallon se trouve sur la route de Saint-Blaise, où leur radeau de plongée était amarré, mes chercheurs s'arrêtaient de temps en temps sur le chemin du retour pour voir ce qui se passait sur le site.

Mètre par mètre, les mosaïques grandioses de Bacchus et Ariane et de Venatio, ainsi que d'une foule de lions, ours et cerfs ont revu le jour. L'excitation était grande dans la communauté des archéologues; personne ne connaissait l'étendue des mosaïques et où elle se terminait. Pour ma propriétaire et le professeur, Vallon était devenu un arrêt quotidien ; ils parlaient de tesselles, de fibulas, de terra sigillata et de la multitude d'objets de l'époque romaine trouvés sur le site. L'emplacement était celui d'une prestigieuse villa romaine qui avait brûlé, ce qui était souvent le cas de ces maisons chauffées par un hypocauste, un système de canalisation transmettant la chaleur du feu sous le sol. L'endroit est devenu le Musée romain de Vallon.

Il a fallu plusieurs années avant que je puisse découvrir ces fameuses mosaïques ; celles-ci ont dû être restaurées et photographiées, des brochures ont été publiées et finalement apportées chez moi par les touristes qui ont visité le musée. Comme déjà dit, l'information prenait parfois du temps pour arriver chez moi.

Pour ma propriétaire, la recherche archéologique était une occupation saisonnière. Les archéologues eux-mêmes et le matériel d'exploration sous-marine généreusement prêté par leur université n'étaient disponibles que pendant l'été. À l'automne, le sondeur de fond, le magnétomètre, le sonar à balayage latéral et les autres instruments étaient soigneusement emballés et renvoyés aux États-Unis jusqu'à la saison suivante.

En dépit de ma réticence initiale, j'étais triste quand les plongeurs ont quitté mes pièces. J'éprouvais tellement de plaisir de les voir là en fin de la journée, avec leurs bières, en train de réparer leurs matériaux et de discuter des découvertes de la journée. Leurs conversations intéressantes et leurs éclats de rire me manquaient. J'ai même regretté les flaques d'eau et l'odeur de néoprène et d'algues qui imprégnaient ma buanderie. À la suite de leur départ, mon sous-sol est retourné à son existence banale et utilitaire.

L'économie de la région du lac de Neuchâtel

En ce temps-là, notre économie locale connaissait une période de prospérité, ce qui contrastait fortement avec les dévastations et les pénuries que nous avions connues après la guerre. Des capitaines de notre industrie régionale comme Nicolas Hayek et Guido Reuge ont montré comment la détermination et l'innovation pouvaient apporter le succès. À Sainte-Croix, le pari de Guido Reuge de fabriquer des boîtes à musique contre vents et marées a été payant. Il est devenu le leader mondial des boîtes à musique de luxe.

Un plan visionnaire du Conseil fédéral, en matière de recherche et de développement, le CSEM (Centre suisse d'électronique et de microtechnique), a été créé pour fournir des solutions technologiques à un large éventail de marchés dont l'automobile, le médical, les machines-outils et l'exploration spatiale. Le CSEM a créé nombre d'emplois de haute technologie pour les jeunes de la région. L'avenir de l'économie de la région de lac du Neuchâtel s'annonçait radieux.

Le porcelet baladeur !

À mon plus grand plaisir, un almanach des PTT était affiché sur le mur de ma cuisine pour l'année 1987. Ça faisait des années que je n'en avais plus vu ! Ma nouvelle famille occupait mes chambres déjà depuis cinq ans. Mon propriétaire travaillait pour une entreprise près de Zurich comme consultant pour le Moyen-Orient. Une fois par an, son patron et tous les employés de la société étaient invités à venir pour un pique-nique au manoir, comme ils m'appelaient maintenant. Cette année-là, l'invitation annonçait un barbecue et, à ma grande horreur et à celle de mes propriétaires, les invités ont présenté à leurs hôtes un porcelet vivant.

J'ai entendu ma propriétaire chuchoter urgemment dans l'oreille de son mari :

« Qu'est-ce qu'il faut faire ? Ton patron veut-il que nous tuions le cochon pour le faire cuire ? Nous ne pouvons pas faire ça ! »

« Je ne sais pas. C'est peut-être une coutume dans ce pays. Je vais essayer de me renseigner auprès des gars, » dit Jack.

Il n'y a pas eu d'explication. Le porcelet courait dans mon jardin et c'était impossible de l'attraper. Heureusement, Nitro s'est avéré être une bénédiction. Le porcelet s'est pris d'affection pour lui et le suivait partout, ce qui a au moins rendu la situation gérable.

Il suffisait d'appeler le chien et le cochon apparaissait aussi !

Nitro et le porcelet

Les collègues zurichois sont partis à la fin de la journée, sans le porcelet.

« Que diable allons-nous faire de ce cochon ? » s'est demandé Jack.

« Essayons de voir M. Pillonel au moulin, » a suggéré sa femme. « Il élève des animaux de ferme là-bas. Peut-être pourra-t-il le prendre ! »

Après une explication hilarante sur la façon dont le cochon était entré en leur possession, au grand soulagement de mes propriétaires, M. Pillonel a pris le cochon et l'a intégré à sa collection de bétail.

Un nouveau cycle d'activités

Un nouvel automne est arrivé avec ses magnifiques coloris de bronze et de bordeaux. Les betteraves à sucre étaient livrées à la gare avant d'être transportées à Aarberg, mais maintenant les wagons étaient tirés par d'énormes tracteurs John Deere. La grande roue de ces engins était plus haute que les chevaux qui tiraient les wagons quand j'étais jeune.

Un nouveau cycle d'activités reprenait avec quelques nouveaux éléments. Au printemps, la procession du Surrexit suscitait toujours un intérêt pour les visiteurs de la maison qui suivaient le cortège ; la fête de Pâques et la Fête-Dieu étaient aussi très appréciées. L'été apportait la visite annuelle des collègues de Zurich, un événement que je redoutais désormais, avec l'arrivée des archéologues qui emmenaient ma propriétaire au fond du lac. Mes étrangers ont abandonné Thanksgiving, fêtant la Bénichon en ville et le Recrotzon à Payerne avec un repas chinois.

Pour ceux qui ne connaissent pas notre région, je dois préciser un détail sur mon emplacement géographique. J'appartiens au canton de Fribourg, mais ma ville et la campagne environnante forme une enclave, une terre fribourgeoise encerclée par le canton de Vaud. Si cette complexité cartographique ne suffit pas, Fribourg est un canton catholique et Vaud un canton protestant. Ainsi, lorsque nos magasins et restaurants sont fermés pour les fêtes catholiques, il suffit de parcourir neuf kilomètres jusqu'à la ville de Payerne, où tous les commerces sont ouverts. Mes étrangers ont vite compris les avantages de cette anomalie géographique.

Pendant ces merveilleuses années, mes journées étaient remplies de projets passionnants, de personnes intéressantes et ma cuisine d'odeurs exotiques. Je devenais chaque jour plus belle, et ma nouvelle famille me présentait avec fierté. Enveloppée dans un nuage de bonheur, je n'ai pas vu l'orage qui se préparait encore une fois à l'horizon.

Mon monde s'assombrit

Depuis quelque temps, j'étais préoccupée par la santé de mon propriétaire. À son dernier retour du Koweït, il a consulté un médecin et fait une série de contrôles à l'hôpital. Le redoutable mot *cancer* a été prononcé et notre royaume lumineux s'est assombri. Mes propriétaires étaient optimistes, mais j'avais déjà vécu la perte de Madame, de mon médecin et de sa femme. Ma longue perspective me donnait une vision un peu fataliste.

Au fil du temps, il ne pouvait plus voyager et bientôt plus travailler. La conduite automobile était ce qui lui manquait le plus et il passait des heures assis dans sa Ferrari stationnée au parking pour revivre les meilleurs moments de sa vie.

C'était à Noël, dans mon petit salon, qu'il a nous quittés. Il a été enterré dans notre cimetière, et quand Pâques est arrivé, le cortège du Surrexit s'est arrêté devant sa tombe, puisqu'il était le dernier bourgeois décédé en 1988. Le silence et la tristesse ont remplacé le bruit des outils et des rires dans notre monde peiné.

Avec le décès de mon propriétaire, ma petite famille est devenue encore plus petite. Un contraste énorme avec l'époque où mon intérieur bouillonnait avec les six enfants du docteur. Pour la deuxième fois de mon existence, je m'inquiétais de savoir comment une veuve avec un jeune garçon allait gérer l'entretien et faire face aux frais de ma maintenance. Pour donner un peu de vie à mon intérieur et consoler le garçon, un nouveau berger allemand a été acheté pour remplacer Nitro, qui, comme Glycérine, était mort au cours de l'année calamiteuse de 1988.

Les problèmes commerciaux sont vite remontés à la surface. Il y avait les contrats au Moyen-Orient qui ne pouvaient pas être menés à bien et des commandes qui n'étaient plus livrables. Ma jeune veuve n'avait aucune des qualifications techniques requises pour s'occuper des projets en cours dans cette région et il était hors de question qu'une femme seule obtienne un visa ou soit admise dans les pays arabes. Elle travailla de longues heures pour restructurer l'entreprise et l'orienter vers les pièces de rechange des appareils déjà vendus. Un modem internet et un ordinateur portable sont apparus dans mon annexe. Le courriel a remplacé mon fax, qui avait remplacé mon télex, qui avait remplacé le service postal.

Rosmarie, une proche amie, passait souvent voir ma propriétaire et discuter des problèmes en cours. Ces visites régulières me tenaient informée des problèmes auxquels nous étions confrontées.

« Peux-tu transformer la maison ? En appartements par étages par exemple ? » a-t-elle demandé.

« Je voudrais bien, mais la maison elle-même m'en empêche. Pour la séparer en appartements, il faut fermer la cage d'escalier et la fenêtre qui apporte de la lumière dans le hall. Et encore, on ne pourrait accéder au deuxième étage qu'en passant par l'appartement du dessous. Cette maison a été construite pour une grande famille et elle ne va pas se soumettre à une autre fonction. »

J'étais heureuse que ma propriétaire ait si bien compris

mon architecture et ne perdrait pas de temps à essayer de me modifier. Les travaux de ma rénovation s'étaient arrêtés et je m'inquiétais de la santé de ma structure. Je redoutais des problèmes majeurs nécessitant des réparations coûteuses ; il y avait certaines sections de ma plomberie, de mon chauffage et de mon électricité qui n'avaient pas encore été rénovées.

Six mois s'étaient écoulés depuis l'enterrement de mon propriétaire, et je voyais que sa veuve s'épuisait. Elle avait perdu du poids et de la patience avec son fils ; il fut décidé que ce dernier parte aux États-Unis, afin de passer une année dans un lycée en anglais. J'étais triste de le voir partir et ne plus le voir jouer dans le jardin avec ses amis et avec le chien. Quand les problèmes de ma propriétaire devenaient trop pesants, elle s'enfuyait au milieu du lac à bord de La Grenouille, son petit voilier vert, là où elle était hors de portée de tout le monde.

Une lettre recommandée

Alors que l'entreprise recommençait lentement à sortir de l'ombre et que la crise financière s'éloignait, un nouveau problème est apparu par lettre recommandée, ce qui était déjà un mauvais présage en soi. Des aménagements étaient en cours dans le quartier et elle était invitée à assister à une séance d'information à l'Administration communale.

Se sentant impuissante et perdue, ma propriétaire a contemplé les plans que la Commune affichait sur un panneau et la maquette d'architecte sur la table. Selon les plans, un nouveau dépôt de bus allait être construit en face de chez moi, sur le pâturage où broutait le troupeau de vaches noires et blanches de M. Pillonel. C'était un hangar massif, qui n'avait pas sa place dans notre quartier! En regardant de plus près le plan d'urbanisme, ma propriétaire reçut un choc : les plans exposés montraient fièrement un nouveau musée et ce musée, c'était moi !

Maîtrisant une vague de panique, elle chercha des connaissances parmi les personnes présentes à la réunion ; c'est ainsi que la syndique lui apparut comme un ange salvateur. Prenant un souffle profond pour se calmer, elle l'a abordée :

« Je ne connais rien à la loi suisse, » bégaya-t-elle, « mais est-ce que... est-ce qu'ils peuvent faire ça ? Prendre ma maison et en faire un musée sans me consulter ? »

La syndique a eu l'air perplexe.

« Non, bien sûr que non ! Ce n'est qu'une conception envisagée par un architecte. »

Après ces nouvelles rassurantes, ma propriétaire, épuisée, rentra chez elle. Dès lors, nous avons eu des opinions divergentes sur les architectes. Moi j'ai pensé qu'ils étaient des créateurs bienveillants comme M. Devolz, tandis qu'elle estimait qu'ils étaient de dangereux détraqués.

Le permis de construire du hangar a été délivré. Les vaches noires et blanches ont disparu ainsi que l'herbe qu'elles broutaient. Le petit bâtiment appelé Glacière Cardinal, qui abritait autrefois des blocs de glace, a été démoli sans le moindre considération pour sa valeur historique.

Tous les jours, j'ai observé la fondation en cours de pose, l'installation des canalisations d'eau, des égouts d'eaux usées et des conduites pour l'électricité. Les commérages du quartier nous ont appris que quelqu'un avait fait appel de la décision d'attribuer le permis de construire, une procédure courante mais rarement couronnée de succès.

Soudain, tout s'est arrêté. Les bulldozers ont disparu et les ouvriers se sont volatilisés ; un silence total s'est abattu sur le chantier. En commençant la construction avant l'expiration du délai de recours, les constructeurs avaient commis une erreur fatale. À la surprise générale, le tribunal a ordonné la démolition du chantier en cours.

Pendant de nombreuses décennies, j'ai regardé l'autre côté de la rue et contemplé un parking pour voitures...

Certainement le parking le plus cher de la ville et d'ailleurs !

Un changement important

Après la mort de son mari et le départ de son fils, il n'y avait plus que ma nouvelle veuve et moi. Alors, un changement important a eu lieu dans notre relation.

Un jour, elle m'a parlé directement ; c'était la première fois! J'imagine qu'elle avait besoin de réfléchir à ses problèmes en les exprimant à haute voix et c'est vite devenu une habitude. Ces curieuses conversations à sens unique avaient lieu dans le salon, en fin de journée, lorsque personne n'était dans la maison. Il ne fallait pas que les gens l'entendent parler aux murs. Elle s'asseyait dans un fauteuil devant ma cheminée et fixait le plafond, tandis que le soleil disparaissait derrière la crête du Jura.

« Je vais repeindre le petit salon, » m'a-t-elle dit. «Je vais remplacer ce papier peint bleu à motifs par un joli beige neutre. Il harmonisera mieux avec les autres pièces. »

Je ne pouvais pas lui répondre... mais j'étais d'accord. Je n'avais jamais aimé le papier peint dans mon petit salon !

« Je vais aussi étudier quelques projets pour faire rentrer de l'argent, » a-t-elle ajouté.

Évidemment, j'étais d'accord.

Peu de temps après, le soleil matinal éclairait la table de ma salle à manger où des gens prenaient des notes pendant qu'un professeur leur donnait un cours de français. Un atelier destiné aux enseignants suisses allemands avait été organisé pour améliorer le français qu'ils enseignaient aux enfants de l'école primaire. Le programme obligatoire durait trois semaines et s'étendait sur une période de trois ans. Il était aussi destiné à promouvoir une meilleure compréhension entre nos régions linguistiques. Les enseignants vivaient en ville dans des familles d'accueil et étaient censés parler exclusivement français pendant leur séjour. J'ai remarqué qu'ils parlaient leur dialecte suisse allemand lorsqu'ils étaient seuls, mais avec moi leur secret était bien gardé.

Ma propriétaire et son collègue les ont emmenés visiter nos monuments et sites archéologiques et leur ont expliqué notre histoire locale en français. Ils ont visité la reconstitution de l'Âge de bronze à Gletterens, les ruines romaines à Avenches, le musée de Vallon, notre Château, la Collégiale et la chapelle du Couvent des Dominicaines. De nombreux enseignants ont été surpris de découvrir le charme de notre Welschland, comme ils appellent la Suisse romande dans leur dialecte.

Les trois semaines de cours achevés, les enseignants sont retournés dans leurs écoles suisses allemandes et ma propriétaire a profité de l'intervalle avant le prochain groupe pour peindre les boiseries de mon petit salon en couleur afin qu'elles soient assorties au nouveau papier peint. J'ai toujours apprécié ces moments d'intimité avec elle et je me suis sentie dorlotée par le soin qu'elle prenait pour trouver et tester les bonnes teintes.

« Tu te souviens du professeur qui a cartographié le fond du lac, n'est-ce pas ? » Question posée dans son fauteuil préféré, près de la cheminée.

« Eh bien, il veut revenir avec son équipe pour travailler dans la région l'année prochaine. Je ne pourrai pas tous les loger, je pense que je vais rénover ton deuxième étage. »

Je n'ai peut-être pas mentionné mon deuxième étage ; il y avait là-haut cinq pièces, mais pas de chauffage ni d'eau et presque pas d'électricité. En plein milieu d'une des pièces, il y avait un seau de goudron solidifié sur le sol. Le goudron avait pénétré dans les planches de bois et il était impossible de l'enlever ! Une des pièces débordait de sacs-poubelles en plastique remplis à ras bord et attachés. Avec une tasse de café chaud et une chaise confortable, ma propriétaire s'est assise près de la fenêtre et a commencé à ouvrir les sacs. Elle avait prévu de passer une petite demi-heure à trier ce qui pouvait être jeté.

Le retour du légionnaire

Les premiers sacs étaient remplis de reçus médicaux et de publicités pour des produits pharmaceutiques. D'autres sacs contenaient des broderies inachevées, des rideaux mités et des stores en coton noir soigneusement cousus pour les black-out de la dernière guerre ; l'un des sacs était rempli de correspondance.

Elle y a trouvé des cartes postales en couleur datées de 1915 à 1917, montrant des soldats dans des uniformes impeccables et même des enfants en habit de soldats. Le dos des cartes était entièrement rempli de l'écriture minuscule et méticuleuse d'un soldat de la Légion étrangère française pendant la Première Guerre mondiale. C'était un soldat courageux qui affrontait la mort tous les jours dans les tranchées en première ligne de la guerre où les chances de survie étaient très minces. Il avait écrit avec affection à Madame, la veuve qui m'avait construite. Cette correspondance a envoûté ma propriétaire et quand le soleil se couchait sur le Jura, elle a plissé les yeux pour lire encore la petite écriture :

> *1er juillet 1916, bataille de la Somme*
> *Je vous écris cette carte pour vous dire que j'ai reçu votre colis et que je souhaite vous remercier. Ne m'envoyez rien pour le moment. Lorsque vous recevrez cette carte, je serai mort ou blessé. Que Dieu vous bénisse.*
> *Une bonne poignée de main à tous.*
> *Jean Ansermet*

Étirant ses jambes, ma propriétaire s'est relevée péniblement, des larmes coulant sur ses joues. Elle a soigneusement placé la carte postale dans le carnet de notes qu'elle avait avec elle. Bien sûr, moi je savais tout sur le courageux légionnaire.

Avec Madame, j'avais déjà lu les cartes postales qui arrivaient régulièrement par la poste pendant cette terrible guerre.

Carte postale de la Grande Guerre

Mon entrée dans le monde hôtelier

Après l'éclatement de la bulle immobilière de 1990, beaucoup de projets de construction étaient arrêtés et avaient laissé de nombreux ouvriers du bâtiment de la région au chômage. C'était triste pour eux, mais une chance pour moi. Un couple d'Espagnols a sonné à ma porte en quête d'un logement provisoire ; le mari avait perdu son emploi et le couple se préparait à faire ses valises et à rentrer en Espagne.

Ce fut le début d'une grande d'amitié entre ma veuve, triste et surchargée, et le couple espagnol. Avec ma propriétaire, ils se sont attaqués à la rénovation de mon deuxième étage. Les sacs-poubelles sont allés à la décharge ; le seau de goudron renversé était toujours enraciné dans le plancher et ne voulait pas bouger. J'ai été un peu secouée lorsqu'ils l'ont délogé d'un gros coup de masse.

J'ai retrouvé une sensation familière et agréable lors de la pose du papier peint ; une large brosse a lissé la colle crémeuse sur mes murs. Après, c'était comme un doux massage quand le papier peint était étalé et parfaitement lissé. Je me souvenais quand cela avait été fait il y a 80 ans lorsque ma salle à manger avait été tapissée. Le robuste papier damassé bordeaux était d'ailleurs encore en bon état. L'odeur de la colle, du mastic et du vernis emplissait l'air ; le bruit des échelles grattant le long du sol et la sensation des ponceuses vibrant contre le bois m'ont rappelé les jours merveilleux de l'époque où M. Jack était encore parmi nous. À mon plus grand plaisir, mon deuxième étage était en train de passer de l'état de grenier à celui d'un espace de vie.

Ma propriétaire se réjouissait de toute cette activité et j'étais heureuse de voir moins souvent ce regard triste et vide sur son visage. Comme d'habitude, alors que les ombres du soir s'allongeaient et que le soleil se couchait sur le Jura, elle s'asseyait dans son fauteuil et j'attendais avec impatience ce qu'elle avait à me dire.

« La rénovation du deuxième étage est terminée, j'espère qu'il te plaît. Moi, je pense qu'il est plutôt bien ! Maintenant il y a dix chambres pour les hôtes ; quand l'équipe du professeur partira, tu vas devenir un B&B, » a-t-elle déclaré.

« Je serai quoi ? Qu'est-ce que c'est un B&B ? »

« Ça veut dire Bed and Breakfast en anglais, c'est-à-dire une maison privée où les gens passent la nuit et prennent le petit-déjeuner. C'est une pratique courante dans les pays anglophones; on dit aussi maison d'hôtes. »

Si j'avais dix chambres à coucher, je pourrais être un hôtel, me semblait-il. J'ai pensé à la Belle Epoque quand j'avais observé les chics Parisiennes accueillies à l'Hôtel Bellevue en face.

« C'est comme un hôtel, » poursuivit ma propriétaire, « mais les hôtels ont une salle de bains pour chaque chambre. Ce genre de modification serait trop lourde pour toi et trop chère pour moi. La directrice de l'Office du tourisme va venir voir les chambres ; c'est elle qui va nous envoyer des clients. J'espère que ça va marcher ! »

Je l'espérais aussi. Il n'y avait aucune garantie, mais la promotion réalisée par l'Office du tourisme amenait beaucoup de visiteurs dans notre ville, entraînant une grave pénurie de chambres d'hôtel en été ! Il n'existait pas de patente pour des chambres d'hôtes, alors les autorités m'ont accordé une licence d'exploitation pour une buvette.

J'ai observé la directrice de l'Office du tourisme arriver pour l'inspection de mes nouvelles chambres.

« Merveilleux, fantastique ! » s'est-elle exclamée en arrivant essoufflée à mon deuxième étage.

«Qu'est-ce que c'est un B&B ? »

En raison du nom My Lady's Manor que M. Jack m'avait donné, ma fonction était parfois mal comprise. Après avoir raccroché au nez la voix graveleuse demandant la taille de la poitrine de Miss Breakfast, ma propriétaire, avec l'aide de son amie multilingue, a publié des brochures en français, anglais et allemand pour décrire notre offre sans ambiguïté.

Des touristes ont commencé à venir, non seulement de la Suisse alémanique, mais également d'autres pays européens pour leurs vacances d'été et les événements dans la région. Ils visitaient notre musée, maintenant connu comme le Musée des Grenouilles, notre vielle ville, nos monuments historiques et la Grande Ca-riçaie. L'Office du tourisme était ravi, ma propriétaire soulagée et moi quelque peu rassurée, après tout j'avais le rôle principal dans ce projet.

Apache, le nouveau berger allemand, qui prenait son rôle de gardien très au sérieux, s'est révélé être un problème imprévu. Ma propriétaire a eu beau lui expliquer que le but de ces intrus sur son territoire était de gagner de l'argent afin d'acheter de la nourriture pour chien, parmi autres choses.

Peine perdue, Apache voulait les dévorer direct ! Pour le faire changer d'avis, on l'exposa aux odeurs des invités, par le biais de leurs effets personnels, plutôt que par leurs personnes vulnérables en chair et en os. La routine était établie de sorte qu'Apache faisait le tour des chambres le matin, lorsque le ménage était fait, et le reste de la journée sa garde se limitait au bureau.

L'aventure du B&B s'est avérée très amusante. Les touristes clamaient l'admiration qu'ils me portaient lorsqu'ils entraient dans mon hall et mes élégants salons. Naturellement, j'étais très flattée par leurs commentaires. Ils s'asseyaient dans mon jardin ou dans mon petit salon et discutaient des sujets les plus divers : les amours, la belle-famille, les impôts, les adolescents à problèmes et la politique. Je ne pouvais m'empêcher d'écouter leurs conversations intrigantes si bien que je ne m'ennuyais jamais.

À cette époque, la population suisse débattait de l'adhésion ou non à l'Union européenne et ce sujet animait le petit-déjeuner tous les matins.

Un Français disait: « Si vous n'adhérez pas, vous serez isolés de l'Europe. »

Un Canadien le contredisait : « N'y adhérez pas ; ça va vous isoler du reste de la planète. »

Une Belge était plus enthousiaste : « C'est merveilleux, il y aura des milliers de nouveaux bureaux à Bruxelles. »

Un jeune Allemand a demandé : « Qu'est que c'est l'Union européenne ? »

Vous voyez, en tant que B&B, j'ai été bien informée sur de nombreuses questions sociales et politiques.

Notre ville retourne à l'année 1403

En 1991, la Confédération a fêté son 700ᵉ anniversaire. En raison de son caractère moyenâgeux, notre ville a été choisie pour une reconstitution historique. La ville elle-même est devenue la scène pour remonter le temps jusqu'à l'année 1403. Nos rues ont résonné des rires et des cris de la population dans leurs plus beaux costumes du Moyen-Âge. L'écho de sabots des chevaux sur les pavés a marqué le rythme sur une musique de cornemuse et les chants des troubadours.

Pendant tout un week-end, les odeurs des tanneurs traitant les peaux d'animaux et de la cire d'abeille des fabricants de bougies ont rempli l'air. Les forgerons ont activé les soufflets de leurs forges et le tintement rythmique du marteau sur le métal rougi s'est harmonisé avec les mélodies jouées par les luthiers. Un sanglier entier a tourné sur une broche au milieu de la rue.

Je pouvais voir les oriflammes flotter sur toutes les tours de la ville et entendre la musique des cornemuses. Comme le festival était diffusé aux infos du soir à la télévision, je me sentais comme une participante de la fête.

Évidemment, mes chambres étaient pleines à craquer avec des touristes venus de partout.

Tout le monde était triste lorsque le festival s'est terminé ! Ma propriétaire a rangé sa longue robe bleue et grise coiffée d'un voile dans le placard et ses vaisselles en bois dans la cave. Avec un pincement au cœur, nous sommes retournées à nos tâches quotidiennes banales et ordinaires.

Célébration du 700e anniversaire de la Confédération
helvétique.

Mes hôtes attachants

Chaque année au mois d'août, les rues étroites de notre ville sont animées par un marché d'antiquités en plein air appelé Brocante, toujours très apprécié par la population de la région. Certains des marchands ayant des stands au marché logeaient dans mes chambres et parlaient tard dans la nuit d'objets inhabituels, des prix et des tendances. Ils étaient parmi les visiteurs qui appréciaient le plus mon style vintage. Le festival de jazz, la fête des roses, le festival de musique en plein air, la fête médiévale, la course cycliste et les nombreuses régates de voile m'apportaient une palette d'hôtes variés et intéressants.

Parmi les hôtes les plus mémorables étaient ceux que le personnel appelait les Oldies.

Il s'agissait de deux sœurs nonagénaires d'Afrique du Sud qui venaient dans un Dormobile, une ancienne Vauxhall aménagée en camping-car appelée Bondo. Elles quittaient l'Afrique du Sud sur un cargo pour Londres, traversaient la France, récupéraient leur camping-car entreposé dans un garage à Vallon, et continuaient pour Sisikon, sur la rive de l'Urnersee dans le Canton d'Uri, pour y passer l'été. Lorsque le temps s'est rafraîchi, elles sont arrivées sur mon parking.

Les Oldies avaient presque mon âge et, comme moi, avaient beaucoup d'histoires à raconter ; elles avaient connu la guerre des Boers, la guerre d'indépendance, l'apartheid et les sanctions. À la fin de leur séjour, avec des cris et des manœuvres bruyantes, Bondo quittait mon parking et embarquait sur la route Saint-Pierre. Tout le monde chez moi fermait les yeux et priait pour qu'elles arrivent au garage de Vallon sans provoquer un accident. L'assurance et les plaques d'immatriculation de Bondo étaient entourées d'une certaine obscurité.

Leur départ a laissé un grand silence et un soupir de soulagement, mais nous attendions avec impatience leur arrivée l'année suivante.

J'ai particulièrement apprécié les cyclistes. Le vélo est une tradition solide chez nous et souvent, des cyclistes avaient parcouru 80 kilomètres avant d'arriver chez moi, fatigués et en sueur. Après une douche, ils étaient de bonne humeur et allaient manger en ville. Il y avait des vélos de toutes les tailles, parfois avec de petites remorques pour les enfants. Les bicyclettes étaient stockées dans mon garage pour les garder au sec et en sécurité. Je peux dire avec fierté que, pendant toutes ces années, pas un seul n'a disparu !

Une année, j'ai eu la chance qu'un des hôtes vienne de Zermatt où il avait parcouru le Sentier des Chamois. En partant, il nous a laissé un calendrier pour 1994 avec une photo d'un chamois. J'ai donc enfin pu voir à quoi ressemblait cet animal ; il m'avait fallu plus de 60 ans pour obtenir cette information.

Par une belle journée ensoleillée, sur le pas de ma porte j'ai vu arriver une petite dame asiatique. Recommandée par le pasteur, elle avait besoin d'un lieu d'hébergement familial ; un hôtel ne convenait pas, alors, naturellement, j'étais la solution parfaite.

« Entrez, s'il vous plaît, » dit notre stagiaire. Nous sommes complets. Il ne nous reste qu'une petite chambre pour les enfants.

« Ce sera très bien. Comme vous voyez, je ne suis pas grande. Je m'appelle Mme Chung. J'aimerais rester quelques jours. »

Absolument charmante, Mme Chung est restée une semaine dans ma chambre d'enfants et a rendu visite au pasteur tous les jours. Elle était engagée à l'Opéra de Paris où elle chantait et enseignait. Lorsqu'elle est partie, elle a dit qu'elle prendrait sa retraite de l'Opéra dans quelques années et qu'elle aimerait diriger une Master Class de musique classique dans mon intérieur. Pendant mes années de B&B, j'avais entendu de nombreuses personnes dire qu'elles voulaient organiser ceci ou cela, mais les projets se concrétisaient rarement. Je ne m'attendais pas à revoir Mme Chung.

La bénédiction des bateaux annonçait la fin des vacances d'été pour les élèves de Zurich et de Bâle. Avec le départ de ces familles, les rues de notre ville et mes chambres étaient soudain désertées. Au magasin d'en face, une pancarte affichant les heures d'ouverture réduites, était soutenue par une pile de livres en langue allemande à moitié prix. Le français avait remplacé le dialecte suisse allemand que l'on entendait partout pendant les vacances. À l'arrivée de la Bénichon, notre personnel était épuisé. La stagiaire a fait ses valises est partie pour la rentrée scolaire à Bâle ou Berne.

La dernière régate de voile, la course à pied Morat-Fribourg et les couleurs d'automne ont marqué la fin de la saison. La famille d'écureuils vivant dans mon cèdre était occupée à emmagasiner des noix dans un trou. J'aimais toujours observer ces petites créatures courir le long des branches et sauter sur la balustrade de mon balcon.

Des contradictions sur le lac de Neuchâtel

Dans les journaux, un sujet de controverse régionale était de nouveau d'actualité. Au cours du siècle dernier, les cabanes de pêcheurs et les chalets de vacances familiaux au bord du lac avaient été construits sur des terrains alloués par le Canton ou la Commune. Ces constructions se retrouvaient maintenant dans la réserve de la Grande Cariçaie ; l'Association de la réserve les considérait comme une intrusion et exigeait leur démolition.

Les propriétaires avaient enduré des années de procès et de frais de justice pour tenter de sauver leur patrimoine familial.

La Grande Cariçaie, sans intervention de l'homme, serait colonisée par la végétation et deviendrait une terre sèche, comme ailleurs autour des trois lacs. Pour lutter contre cette évolution naturelle, une entreprise dotée de matériel lourd entretient la réserve. Néanmoins jusqu'ici, peu de tolérance était accordée à ces chalets importuns et on ne savait pas quand, ni même si ce conflit serait résolu un jour.

Ce n'était pas la seule contradiction relevée par la presse autour du lac de Neuchâtel, car à Forel les pilotes de chasse de l'armée suisse tirent sur des cibles fixes et mobiles depuis 1926... là où nichent des oiseaux ultra-protégés par la réserve. L'armée dispose d'autorisations permanentes de tirs air-sol (plutôt air-eau) dans cette zone qui est encore utilisée de nos jours.

Un panneau affiché au club de voile avertit les propriétaires de bateaux d'éviter la zone près de Forel de janvier à mai et d'octobre à décembre lorsque s'effectuent des exercices de tir militaires. Les tonnes de munitions, accumulées au fond du lac pendant près de cent ans de tir, y forment un paysage apocalyptique digne d'un film de guerre.

Encore un autre article dans le journal La Liberté décrivait une étude en cours sur le lac afin de recenser et de sauver les batraciens ; les populations de grenouilles, de crapauds et de tritons ont fondu.

En effet, parmi les changements intervenus ces dernières décennies, j'ai constaté l'absence du la "côa côa" des grenouilles en fin de journée. Je me souviens de l'impression que cela me faisait quand j'ai entendu cette sérénade pour la première fois au début du siècle. Or, il me semble que cela fait longtemps que je ne l'entends plus.

Des spécialistes ont mené l'enquête afin de définir les causes et y remédier. Je me demandais comment ils allaient compter des grenouilles. Les travaux ont démarré dès la fin de l'hiver, époque de la migration en direction des étangs, le berceau des pontes.

Quant aux causes de mortalité, il y a le passage du trafic le long de route Cheyres-Yverdon, l'assèchement de certains terrains, les constructions, la pollution générale et la grenouille rieuse, dangereuse pour ses semblables.

L'ensemble de la Grande Cariçaie abrite treize des quatorze espèces de batraciens recensés en Suisse. L'étude va prendre plusieurs années et je crains que la sérénade des grenouilles, telle que j'ai eu le plaisir de l'écouter jadis, fasse partie du passé.

Une tragédie démoniaque

Le mois d'octobre de 1994 est gravé à jamais dans la mémoire collective de notre district de la Broye.

Le 4 octobre, peu avant minuit, un incendie s'est déclaré dans le village de Cheiry. Les pompiers appelés sur les lieux ont découvert un massacre effroyable ; ils ont retiré vingt-trois corps des décombres. Les victimes, toutes membres de l'Ordre du Temple Solaire, étaient vêtues de robes de cérémonie dans une chapelle souterraine tapissée de miroirs et gisaient en cercle, les pieds joints, la tête vers l'extérieur, la plupart avec des sacs en plastique attachés sur la tête. Elles avaient ingéré des sédatifs et reçu une balle dans la tête. Quelques heures plus tard, dans trois chalets de Granges-sur-Salvan en Valais, 25 autres corps ont été trouvés dont ceux de plusieurs enfants.

La tragédie a été découverte lorsque les pompiers se sont précipités sur les lieux pour combattre un incendie allumé par des appareils télécommandés dont l'un n'avait pas fonctionné. Les membres de la secte voulaient transiter par un suicide collectif vers l'étoile Sirius. La couverture médiatique a été internationale. Des reporters de télévision sont arrivés à Cheiry dans des véhicules venant d'aussi loin que les États-Unis. Alors que les décès par arme à feu pouvaient techniquement être considérés comme des meurtres dans l'État de Fribourg, c'était difficile de distinguer entre ceux qui avaient consenti et ceux qui avaient été assassinés. Bien qu'il ait été confirmé que les deux fondateurs connus de la secte, Luc Jouet et Jo Di Mambo, figuraient parmi les morts de Salvan, un autre massacre a eu lieu un an plus tard en France, portant le nombre total de morts à 74.

Presque tout le monde dans la région connaissait quelqu'un lié aux victimes des massacres ; une connaissance d'un cours de gym, l'ami d'un ami, un collègue de travail, une femme de ménage, etc. Après le choc, une chape de tristesse a plané sur notre district, alors que nous nous efforcions de comprendre comment cette tragédie avait pu se produire.

Lors de la fête suivante chez nous, la Saint-Nicolas célébrée le 6 décembre, le Journal a rapporté que l'église était pleine de fidèles réunis pour essayer d'effacer cette tragédie démoniaque de leur cœur et de leur esprit.

Le début de mon cycle culturel

Après le drame de l'automne, l'hiver s'installait paisiblement et mon jardin était saupoudré d'une couche de neige fraîche. Les lions qui gardaient les marches de mon entrée avaient un air majestueux avec leurs petites pyramides de neige sur la tête. Dans mon salon, la pénombre gagnait du terrain au fur et à mesure que les derniers rayons du soleil hivernal disparaissaient derrière le Jura. Ma propriétaire a frotté une allumette et allumé le tas de bois dans la cheminée afin de dissiper la fraîcheur du salon. Elle était assise dans son fauteuil préféré ; ces séances intimes entre nous me faisaient très plaisir et j'attendais avec impatience ce qu'elle avait à me dire.

« Le professeur américain va revenir ! » a-t-elle dit.

« Bon...plaisir oui et non. J'aimais bien la présence des archéologues, mais allait-elle à nouveau risquer sa vie dans les fonds du lac de Neuchâtel? »

« Je ne travaillerai pas sous l'eau cette fois, » a-t-elle dit. Le professeur veut amener des étudiants de son université pour étudier l'histoire de notre région. Cela va faire partie de leur programme d'études chaque année à partir de 1998. »

Si j'ai bien compris, j'avais été choisie pour devenir une fac d'une université américaine. Quel honneur !

Avant leur départ, les étudiants ont reçu de la documentation sur les sites historiques de notre région. Il y avait aussi de belles photos de moi, de mon portique, de mon jardin et de mes chambres. J'ai essayé d'imaginer les gens regardant ma photo dans un pays lointain comme les États-Unis et je me suis demandée ce qu'ils pouvaient bien penser de moi.

Je ne le savais pas encore, mais c'était le début de ma période culturelle qui englobait l'histoire, l'art, la musique et le cinéma.

À partir de ce moment, lorsque les cerisiers étaient en fleurs, les étudiants arrivaient et mon intérieur se remplissait de jeunes bavardant en anglais. Il y avait aussi des périodes de calme quand les étudiants travaillaient dans leurs chambres ou dans mon salon et des périodes de silence total pendant les examens que les étudiants prenaient très au sérieux.

Paradoxalement, pour offrir cette incursion dans l'histoire ancienne, je devais être équipée des dernières technologies électroniques. Le WIFI a été installé pour que les étudiants puissent se connecter à leur base de données aux USA. Je ne pouvais ni voir ni sentir ces ondes, mais les étudiants les utilisaient quotidiennement, donc elles étaient là quelque part en moi.

Une fois de plus, j'étais fière d'être à la pointe de la technologie, et parmi des premiers bâtiments de la ville équipés du WIFI.

Un écran a été installé dans mon petit salon, pour des conférences données par le professeur, des enseignants suisses et des archéologues. Avec les étudiants, j'ai appris que notre région des Trois Lacs était en quelque sorte une Mecque archéologique, avec 17'000 ans d'occupation humaine ininterrompue.

Les maisons préhistoriques construites sur des pilotis entre 5000 et 500 avant J.-C., étaient considérées comme les plus anciens bâtiments connus en Suisse ; construits sur la rive marécageuse souvent inondée, les pilotis servaient de fondations.

La presse a annoncé que l'UNESCO avait accepté d'inscrire les sites palafittiques de six pays collectivement au Patrimoine mondial de l'humanité ; la moitié de ces habitations sont situées dans notre pays.

À quelques kilomètres de chez moi, dans le village de Gletterens, certaine de ces premières maisons ont été reconstituées sur le site où elles avaient été découvertes.

Il s'agit de longues constructions d'une pièce aux murs couverts d'argile, de paille et de fumier avec des toits de chaume ou les gens et les animaux habitaient ensemble. Il y a aussi un petit grenier construit sur des pilotis afin de protéger le stock de grain contre les rongeurs.

Reconstitution du village lacustre de Gletterens

Nos étudiants ont passé une journée entière à Gletterens, apprenant à fabriquer des flèches avec du silex, à allumer des feux sans allumettes, à cuisiner du gibier et à utiliser une sagaie, un javelot préhistorique lancé à l'aide d'un propulseur.

Jour après jour, les étudiants étaient assis dans mon petit salon et écoutaient les conférences de leur professeur. Quand j'étais jeune, j'avais appris quelques épisodes de l'Histoire par mes lectures du magazine l'Illustration, mais c'était l'histoire de France. Maintenant, je suis en train d'apprendre l'histoire de mon pays, et en plus, dans mon propre petit salon.

Un événement fascinant s'est passé en 58 avant J.-C., les Helvètes, (le peuple autochtone de la Suisse), après avoir perdu une bataille féroce au Mont-Vully, ont été intégrés à l'Empire romain. L'oppidum de ce lieu était l'excursion favorite de mes étudiants. À travers leurs photos, j'ai vu les impressionnantes fortifications qui avaient été reconstruites. À l'occasion de leur visite à Avenches, ils ont pris des photos de l'amphithéâtre. Ils ont mangé leur pique-nique au-dessus de l'hypogée, un réseau de tunnels, d'enclos pour animaux et de trappes conçus pour les gladiateurs et les combats d'animaux.

Quand le Maymester était terminé, les étudiants faisaient leurs bagages et repartaient aux États-Unis ; un nouveau groupe arriverait au mois de mai de l'année suivante. Profitant du calme de la maison vide, ma propriétaire était assise dans le salon, car il était temps de se préparer pour la saison estivale du Bed & Breakfast.

« C'était intéressant d'avoir les étudiants américains ici, n'est-ce pas? J'ai bien aimé leur compagnie, » dit-elle.

J'étais d'accord.

« La directrice de l'Office du tourisme vient demain matin ; elle a un nouveau projet dont elle veut nous parler. »

Le Septembre Pictural

Je connaissais la directrice de l'Office du tourisme. Elle avait 25 idées par jour, toutes excellentes. Le problème était que personne ne pouvait la suivre. C'était toujours une semaine plus tard que ma propriétaire saisissait le mérite de l'idée qu'elle avait formulée ! Je me suis demandée quel projet elle avait en tête cette fois.

La directrice a garé sa décapotable rouge dans mon parking et est entrée vêtue d'une de ses tenues exotiques et colorées. Avant qu'une tasse de café n'ait pu lui être versée, elle s'est exprimée ainsi:

« Vous connaissez le problème que nous avons avec notre saison hôtelière d'été ; celle-ci se termine brusquement lorsque les Suisses allemands retournent à l'école. Eh bien, je veux prolonger la saison l'année prochaine. Je vais faire venir un groupe d'artistes professionnels en ville pour peindre les bâtiments médiévaux en septembre. Les tableaux voyagent beaucoup et seront exposés dans des maisons et des bâtiments publics pendant des années. Grâce aux peintures, notre ville sera mieux connue et attirera davantage de visiteurs. L'événement durera dix jours chaque année, et nous l'appellerons le Septembre Pictural. Il se terminera par un concours de peinture pour le public, les enfants compris, et nous demanderons aux entreprises de la ville de financer des prix. »

« Comment allez-vous payer les artistes? » a demandé ma propriétaire quand la directrice eut repris son souffle.

« Chaque artiste fera don d'un tableau, » a-t-elle expliqué, « et nous vendrons les tableaux pour payer les frais de leur séjour. Cette année, les artistes viendront de Paris. J'ai déjà pris contact avec une association, et l'année prochaine, ils viendront de Bologne, puis de Prague, etc. Ils seront hébergés ici chez vous ! »

« Chez moi? » a bégayé ma propriétaire. « Combien seront-ils? »

« Oh, une douzaine, j'imagine ! »

Les artistes sont venus de Paris pour le premier Septembre Pictural en 1998 ; ils étaient dix. Ils ont installé leurs chevalets dans la ville et peint les façades médiévales des bâtiments, le château, le couvent, l'église collégiale, l'esplanade de la place de Moudon.

À la fin de la journée, les artistes empilaient leurs tableaux terminés dans mon salon, contre la cheminée, sur les rebords des fenêtres et sur les meubles. Avec un très grand plaisir, j'ai constaté que j'étais devenue une galerie d'art. Jour après jour, les peintres s'asseyaient sur leurs tabourets devant leurs chevalets et peignaient les bâtiments de la vieille ville et les paysages de la campagne environnante.

Ce fut pour moi un incroyable coup de chance ! De là où je suis, je ne vois que les toits de la ville et je me suis souvent demandé ce qu'il y avait au niveau de la rue. En regardant les tableaux, j'ai pu voir la rue principale, ses arcades, ses pavés, ses gargouilles et ses fontaines. Le marché aux légumes a donné aux artistes l'occasion d'ajouter de l'activité humaine à leurs tableaux.

L'un des artistes a consacré une toile à la cour du château de Chenaux ; j'ai enfin pu voir ce qu'il y avait dans cet endroit. Un grand parti de la douve était rempli de terre et d'herbe, à l'exception d'un bassin d'eau bordé de plantes vivaces Hosta. Sur les tableaux, je pouvais voir la partie la plus ancienne du château, construite en pierre taillée en 1297, et les tours en briques ajoutées plus tard. Un autre artiste a peint la façade de la Collégiale avec ses fresques au-dessus du portail. Les artistes donnaient souvent une dernière touche à leurs peintures dans mon jardin, ce qui me permettait de les regarder travailler. Avec ses arcades, ses tours, ses parapets, ses mâchicoulis et ses façades médiévales, notre ville offrait un choix infini de sujets à immortaliser sur leurs toiles.

Les artistes étaient des gens extraordinaires: très professionnels, disciplinés, loin de l'image que j'avais des artistes-peintres. Leurs palettes, pinceaux, tubes de couleurs et chevalets étaient disposés de manière précise et nettoyés à la fin de chaque journée avec un soin digne d'un hôpital. En entendant les conversations des artistes, mon vocabulaire s'est enrichi de mots tels que gouache, gesso, tempura, médium, pastel, perspective et point de fuite. Après une journée intensive de peinture, les artistes prenaient un verre de vin, fatigués et heureux, discutant du résultat de leur travail de la journée. Même si mes pièces sentaient la térébenthine et l'huile de lin, j'ai considéré que j'avais beaucoup de chance d'être au centre de tant de talent et de beauté.

Un vernissage a été organisé à la fin de la semaine à l'Institut du Sacré-Cœur, où les œuvres étaient mises en vente ; il était indispensable que les peintures se vendent bien pour pouvoir payer les dépenses des artistes, y compris leur hébergement dans mes chambres.

« Il y avait beaucoup de monde au vernissage, » a remarqué ma propriétaire.

« Est-ce que les tableaux ont trouvé preneurs? »

« Ils sont partis comme des petits pains, » a répondu Isabella.

« Nous les avons tous vendus ! De surcroît, de nombreux résidents de la vieille ville faisaient également réaliser des portraits de leurs maisons. Certains des artistes resteront pour le concours de peinture ouvert au public.

Le concours de peinture a été un grand succès. Les enfants avaient leur propre catégorie. Tous ont exposé fièrement leurs œuvres et partaient enchantés avec leurs prix. La Ville a offert 1000 francs suisses pour la meilleure peinture et l'a accrochée dans ses bureaux.

Les années suivantes, au mois de septembre, des artistes ont été invités d'Italie et de Hongrie et les Français se sont à nouveau manifestés.

« C'est devenu un bazar multinational, » riait ma propriétaire. Bavardant en français, italien ou allemand, la directrice a guidé les groupes dans la région, organisé les vernissages et vendu les tableaux.

Comme les Français étaient de retour, un groupe d'artistes francophones a commencé à s'assembler dans mon intérieur. L'un d'eux était peintre à l'armée, membre d'un corps militaire d'élite de 150 artistes créé par Napoléon pour suivre ses troupes et peindre de vastes toiles de ses victoires. Ce corps existe encore de nos jours.

Les cours de peinture

Des cours de dessin et de peinture ont été donnés périodiquement dans notre ville au cours des années. Vers 1930, mon Journal avait parlé du célèbre artiste neuchâtelois Pierre-Eugène Bouvier qui vivait dans notre ville et organisait des expositions ainsi que des cours de peinture. J'ai écouté la conversation de ma propriétaire avec les artistes-peintres français.

« Il n'y a pas de cours de peinture ou de dessin pour adultes dans notre ville à l'heure actuelle.

Pouvez-vous envisager de venir une semaine plus tôt l'année prochaine pour donner un cours de dessin et de peinture à l'huile? »

C'est ainsi que des cours de peinture d'une semaine sont devenus une tradition en septembre. La plupart des tableaux étaient réalisés en plein air, en ville, au bord du lac ou dans les vignobles. Tous les matins, les artistes partaient en convoi derrière la Buick break de la maison remplie de chevalets, de thermos de café et de pique-niques. La longue histoire des civilisations de notre région offrait un vaste choix de sujets à peindre.

Il n'y avait pas que les façades de chez nous, mais d'autres villes médiévales comme Morat, Moudon, Gruyères, la basse ville de Fribourg et le château de Font tout proche. Chaque bâtiment avait son identité et il n'y en avait pas deux pareils. Même les voies ferrées de ma bien-aimée gare ont été esquissées dans le but d'enseigner la perspective.

Un cours de portraits a été ajouté dans mon intérieur et tout le personnel a servi de modèle. Je les regardais avec amusement s'efforcer de rester parfaitement immobiles pendant deux heures d'affilée. Rester parfaitement immobile ne pose aucun problème pour moi.

Le soleil couchant éclairait mon petit salon où ma propriétaire contemplait mes murs couverts de magnifiques peintures commémorant cette période créative de ma vie.

L'itinéraire des crèches

Les événements de la saison touristique se terminaient avec le concours de peinture et je suis retournée à mes observations de l'avenue de la Gare. Vous pouvez imaginer ma grande surprise, de voir passer un train. Il était petit, blanc, joliment décoré avec une locomotive et deux wagons. Comme il n'y a pas de voie ferrée sur l'avenue de la Gare, évidemment, j'étais perplexe !

C'est le journal *Le Républicain* qui m'en a donné l'explication: le Conseil général avait donné son feu vert à l'acquisition d'un petit train qui sillonnerait la ville au gré de la météo. Il était construit sur un châssis de tracteur et pouvait atteindre une vitesse de 30 kilomètres à l'heure. Le petit train était un nouvel atout touristique et servait à relier la gare, le centre-ville, le débarcadère et les plages. J'étais ravie de voir ce nouveau véhicule sur l'avenue de la Gare et j'espérais qu'il passe très souvent.

Puisque notre ville n'était jamais à court de nouvelles idées, un itinéraire des crèches de Noël de toutes grandeurs a été agendé pour la période du 4 décembre au 9 janvier. Les entreprises, les commerçants, les hôteliers et les particuliers ont relevé le défi avec enthousiasme et l'Office du tourisme a participé aux frais.

Les crèches étaient faites de souches d'arbres, de roseaux du lac, de branches, de pierres et d'objets provenant de vide-greniers. Tous les projets permettaient de créer quelque chose de vivant et d'original. Chaque année, de nombreuses crèches étaient exposées dans les rues, les fenêtres des habitations et les vitrines des commerces.

Les visiteurs et les citoyens locaux suivaient l'itinéraire à pied ou avec le petit train.

J'étais fière de participer à l'événement. Les grilles de mon portail sur l'avenue de la Gare ont été maintenues ouvertes et une tente était dressée au milieu pour abriter la Sainte Famille. Un ange grandeur nature était attaché par des fils de fer aux branches des arbres et volait au-dessus de la tente. Naturellement, je ne pouvais pas voir les autres crèches en ville, mais j'étais sûre que la mienne était la plus spectaculaire.

Malheureusement, le quatrième jour, un violent coup de Joran a soufflé sur mon jardin et mon ange s'est écrasé sur la Sainte Famille. Ma crèche spectaculaire a été fracassée et s'est retrouvée rangée dans mon sous-sol.

Black-out - version 1999

J'avais vécu des périodes d'extinction des lumières pendant la seconde Guerre mondiale et je ne m'attendais pas à revivre de tels événements.

Tout à coup, j'ai été plongée dans l'obscurité la plus totale.

Mon Dieu ! Qu'est-ce qui s'est passé?

Finalement, mes lumières se sont rallumées. Tous mes fusibles avaient sauté. Il y avait des câbles et des fils le long de mon couloir et une série de projecteurs brûlants de 600 watts chacun. Pas étonnant que mes fusibles aient sauté.

Quand la lumière est revenue, alimentée par une source externe, j'ai vu des gens tournant en rond dans mon salon, récitant des textes en suisse allemand. Mon intérieur était rempli d'acteurs, de cameramen, de techniciens, de maquilleurs et quelqu'un criait:

Lumière, caméra, action, coupez !

J'étais devenue le lieu de tournage d'un feuilleton populaire de la Télévision suisse intitulé *Lüthi und Blanc*. La série avec des héros et des méchants raconte l'histoire pleine de rebondissements d'une famille qui possède une fabrique de chocolat. Je suis devenue assez célèbre à cette époque ! Les épisodes englobaient des intrigues familiales, des faillites, des successions, des histoires d'amour, la belle-famille, des combines bancaires à Zurich et des complots dans un bar au Tessin.

Un effort avait été fait pour répartir l'histoire dans toutes les parties linguistiques de la Suisse. J'étais la Villa

Blanc dans la partie francophone de l'histoire. J'aimais l'idée que les hôtes américains pensent que j'étais la Maison Blanche, sans savoir que Blanc, dans ce cas, était un nom de famille, pas une couleur ! Les acteurs étaient Hans Heinz Moser, qui avait le rôle principal d'une série télévisée allemande, et Linda Geiser, une personne charmante qui vivait à New York et venait en avion pour jouer dans la série.

L'équipe de tournage m'avait découverte lorsque l'un de ses membres était venu passer un week-end en chambre d'hôtes. Je me souviens qu'il avait dit à son compagnon,

« C'est exactement le genre de maison que le réalisateur recherche. Je vais prendre des photos et les lui montrer lundi matin. »

Comme j'avais l'habitude d'entendre parler de projets qui ne se réalisent pas, j'ai été surprise lorsque les hôtes du B&B sont revenus avec plusieurs autres personnes et ont demandé d'enlever ma porte d'entrée. C'était un jour d'avril frisquet et ma propriétaire a catégoriquement refusé. Alors ils ont photographié ma porte, mon entrée, mon salon, mon escalier et ont reproduit le tout dans un studio d'enregistrement à Bülach. Ils y ont même copié mon couloir en mosaïque. Après le choc initial, je me suis habituée à la présence de cette équipe de tournage. Parfois elle ne comptait que quelques personnes, parfois une équipe de 30 avec des caméras sur rails et des véhicules de toutes sortes.

En entrant dans mon hall, l'un des nouveaux membres de l'équipe a fait une remarque selon laquelle je ressemblais beaucoup à leur studio d'enregistrement à Bülach. À vrai dire, c'était plutôt l'inverse !

Séance de tournage pour le feuilleton Lüthi und Blanc

Lorsque les séquences de tournage étaient achevées dans la réplique de mon intérieur à Bülach, les acteurs sont venus me voir sur place pour raccorder les épisodes. Les acteurs ont monté et descendu mes escaliers, sont entrés et sortis par ma porte d'entrée, vingt ou trente fois. Ils ont ouvert et fermé des fenêtres à plusieurs reprises, passé le portail en courant et filmé parfois des scènes dans mon jardin. Il y eut une scène de pluie sous mon séquoia durant laquelle l'acteur est resté stoïquement debout pendant qu'il était aspergé d'eau et qu'il récitait son texte en dégoulinant.

Dans le script, la fabrique de chocolat de la famille

Blanc est située à Sainte-Croix. À mon grand déplaisir, chaque fois que l'équipe de tournage venait, elle enlevait le drapeau de ma ville et le remplaçait par celui du canton de Vaud où se trouve Sainte-Croix.

Pendant sept ans, l'équipe de tournage est devenue une partie intégrante de notre calendrier surchargé. Lorsque la série s'est arrêtée en 2007 après 200 épisodes, le producteur a présenté à ma propriétaire deux sacs de cassettes vidéo du tournage. Les projecteurs, les techniciens, les acteurs et, bien sûr, ma renommée m'ont manqué quand la série fut finie. Je ne me lassais jamais de voir à la télé la série qui s'ouvrait sur ma porte d'entrée en gros plan. Mais une fois terminée, je devais adopter un style de vie plus... modeste.

Modeste n'est pas mon mot préféré.

Mon épisode English

Peu après le dernier épisode du feuilleton achevé, deux instituteurs de l'école secondaire ont imaginé in nouvel événement de ma période culturelle. Il s'agissait d'un séjour anglophone pour leurs élèves recréé dans mon intérieur. Pendant une semaine, tout, mais absolument tout était « typically British » avec des conversations en anglais uniquement, des films britanniques et des *fish and chips*. La musique des Beatles résonnait à travers toutes mes pièces. Des mots anglais étaient collés partout dans la maison. Je me suis habituée à voir CUPBOARD collé dans ma cuisine, SINK dans la salle de bains et CURTAIN épinglé dans le salon. À la fin de ces « vacances » anglaises, la classe m'a envoyé une photo d'eux et un mot de remerciement signé par tous les élèves. J'ai trouvé cette attention très gentille de leur part, même si cette carte était adressée à ma propriétaire au lieu de moi.

Un guerrier chinois dans mon salon

J'étais en train d'admirer la couleur bordeaux de mes érables quand une betterave à sucre a roulé le long de l'avenue de la Gare et à buté contre mon portail. Un char avait cassé un essieu, s'était renversé et les betteraves s'étaient répandues sur la chaussée. Un peu d'animation est toujours bienvenue sur l'avenue de la Gare ! La circulation a été perturbée pendant une heure et a retardé un camion de livraison avec une grande caisse en bois qui m'était destinée.

Ma propriétaire a ouvert la caisse et l'a refermée aussitôt ; elle ne pouvait faire face toute seule à cet envoi. Des amis ont été invités pour le Nouvel An et ont fourni la main-d'œuvre nécessaire pour s'attaquer à la caisse. Après une journée passée à détacher petit à petit la mousse de construction solidifiée, une réplique muséale grandeur nature d'un guerrier en terre cuite provenant des fouilles de Xian en Chine a émergé. Il a été placé dans le coin de mon salon.

Je n'étais pas contente. Je me sentais vraiment intimidée et j'espérais que nous n'allions pas le garder longtemps. Il ne faut pas attendre de flexibilité de la part des bâtiments. La rigidité est notre meilleure qualité !

L'arrivée du guerrier chinois était la conséquence de l'escale de deux hôtes du B&B pendant les vacances d'été.

Je me suis alors souvenu d'une discussion avec un couple qui avait séjourné une semaine dans ma chambre Cèdre. Les visiteurs venaient de Chine et pendant le petit-déjeuner, ils ont invité ma propriétaire à venir leur rendre visite. Je savais, grâce à mon éducation précoce tirée du magazine L'Illustration, que la Chine est un endroit très éloigné. Je m'attendais donc à ce que ma propriétaire décline poliment l'invitation. A cette époque, la Chine n'était pas une destination courante pour les Européens. Mais au lieu de cela, elle s'est tournée vers son amie Rosmarie et lui a demandé: « Veux-tu venir avec moi? »

Et elles sont parties en Chine.

Quand elles sont revenues, j'ai entendu parler sans fin de la Chine, de la Grande Muraille, etc, etc. Sur les photos, j'ai vu la Cité Interdite, un complexe de 980 bâtiments peints en rouge. (Il y a beaucoup de rouge en Chine).

« La Cité a 611 ans, » ont-elles expliqué.

Je n'étais pas impressionnée, notre château avait maintenant plus de 700 ans. Toutefois, j'avoue que le Palais de l'Harmonie suprême avait un beau toit avec des arêtes décorées d'animaux, surtout des dragons. Pendant leur séjour en Chine elles ont rendu visite aux hôtes du B&B dans la banlieue de Shanghai, puis sont allées à Xian pour voir les fouilles de l'armée de guerriers en terre cuite. Et voilà pourquoi l'un d'eux était maintenant assis dans mon salon.

Heureusement, le guerrier n'avait pas l'air trop féroce et, peu à peu, je me suis habituée à sa présence là, dans le coin. Sa tête et ses mains n'étaient pas attachées. Une fiche technique illusoire rédigée en chinois a expliqué cette particularité.

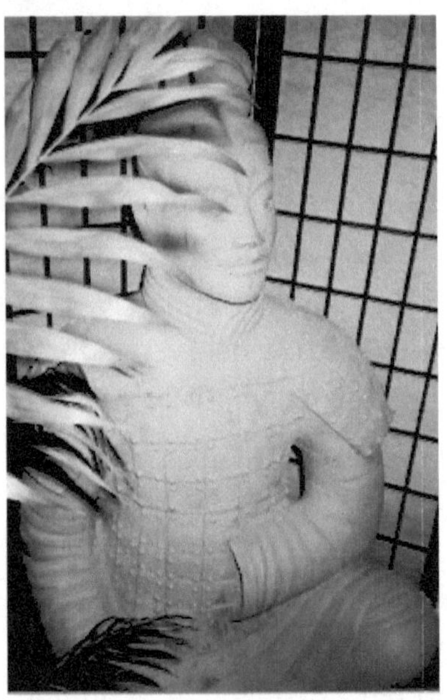

Le guerrier de l'empereur Qin

Le guerrier était parfois prêté au Musée du Laténium à Neuchâtel pour des expositions. Ce prestige m'a rendue plus positive à son égard et, avec le temps, j'ai fini par être fière d'avoir un représentant de l'Empereur Qin dans le coin de mon salon !

Nouvel an 2000 - Quelle catastrophe

L'année, la décennie et le millénaire touchaient à leur fin. On pouvait raisonnablement s'attendre à ce que des événements spéciaux se produisent, mais je n'aurais jamais pu imaginer le désastre que la fin de l'année allait m'apporter.

Il faisait froid, rien d'inhabituel en décembre. La température de mes fondations ne laissait présager rien d'autre qu'un jour d'hiver ordinaire. Tout à coup, j'ai été frappée par un ouragan dévastateur alimenté par des vents de plus de 200 kilomètres à l'heure, jamais enregistré auparavant dans l'histoire météorologique suisse. L'ouragan était nommé Lothar.

Ma propriétaire était en Autriche et je ne me sentais pas du tout prête à affronter un tel phénomène sans elle. Heureusement, elle est rentrée d'urgence. C'était aussi la chance pour la famille d'accueil qui avait loué mes chambres pour les Fêtes et qui n'aurait pas eu à faire face à cette épreuve seule.

Des arbres adultes tombaient comme des allumettes sur la trajectoire de l'ouragan qui a tout balayé sur son passage. J'étais désolée de voir plusieurs arbres tombés sur les voitures de mon parking. Je pouvais sentir mes volets en bois arrachés de leurs charnières et projetés par terre. Mes nouveaux tuyaux d'évacuation en cuivre ont été arrachés du toit et tordus comme des bâtons de réglisse. Les pompiers sont arrivés toute suite. De loin, ils ont suivi la direction du vent et ont vu s'effondrer les arbres. À ma grande horreur, un homme de la famille des locataires était dans le jardin au plus fort de la tempête, filmant les arbres qui tombaient presque sur lui.

Soudain, il y eut un grand bruit sourd qui a fait trembler jusqu'à la base de mes fondations. Le cèdre, massif et imposant, resté fidèlement à mes côtés pendant près d'un siècle, a été arraché de son tronc par un tourbillon de 220 km/h qui a traversé mon toit et mes murs. De lourdes branches ont percé le mur nouvellement peint de ma chambre bleue, où les enfants s'amusaient avec leurs jouets. La neige et la pluie ont traversé le toit. Pour la première fois, j'ai compris ce que c'était de voir sa structure pénétré par un projectile et j'ai pensé à tous les bâtiments démolis par les bombes pendant les guerres.

Les locataires, qui faisaient preuve de nerfs incroyablement solides, ont pu redéménager au premier étage. Comme l'ouragan avait balayé toute l'Europe, ils pensaient qu'il ne frapperait pas deux fois au même endroit et ont décidé d'attendre avec moi. Quelques jours plus tard, ils ont fait leurs bagages et emmené leurs enfants à la montagne. Le mot qu'ils ont laissé disant que "leur séjour avait été inoubliable" est affiché dans notre album de photos.

L'ouragan s'est terminé aussi soudainement qu'il avait commencé. Un silence funeste a suivi la chute du vent, ponctué par le craquement des branches et des sirènes d'ambulance. La destruction laissée derrière Lothar a été déchirante: mon balcon du premier étage démoli, mes chambres remplies de branches mouillées et des débris partout, mettant à néant tout le travail effectué pour les rénover !

L'ouragan a suivi une trajectoire étroite qui a emporté tous les arbres de mon côté ouest comme il a arraché le toit de l'église ainsi que celui du donjon du château.

Neuf arbres de mon jardin avaient été déracinés ou cassés, et mon verger était anéanti. Notre région a été si durement touchée que j'ai dû attendre longtemps que des réparateurs viennent à mon secours. L'estimateur de l'assurance est venu m'expliquer que j'étais moins prioritaire que les maisons qui n'avaient plus aucun toit.

Il nous a raconté le cas d'une maison à Morat où le toit avait été soulevé et posé sur la maison voisine, où deux personnes âgées regardaient la télévision avec leurs écouteurs ; ils étaient complètement inconscients de la présence du deuxième toit accroché au-dessus de leurs têtes.

Après le choc initial et beaucoup de larmes, mes meubles du deuxième étage ont été déplacés dans le hall. Les ouvriers ont recouvert le toit d'une bâche ; ma propriétaire ne pouvant rien faire d'autre, elle est partie aux Etats-Unis pour voir sa famille.

Cette période restera l'un de mes plus mauvais souvenirs, seule dans le noir, avec un trou dans mon toit, des branches dans mes chambres et des températures glaciales.

Les réparations ont enfin commencé. Partout autour de moi, il y avait les bruits des tronçonneuses, des coups de haches et des tracteurs qui roulaient sur mon gazon sinistré. Le beau magnolia, écrasé par la chute du cèdre, a été taillé sévèrement sans grand espoir de survie.

Mon balcon et une partie de mon toit ont été réparés à coup de ponceuses et de cloueuses. Les matériaux synthétiques modernes utilisés pour remettre en état mes murs intérieurs ne me plaisaient pas ; ils me paraissaient étranges et peu familiers par rapport à ma structure traditionnelle.

Je n'ai pas été rassurée non plus par le substrat en mousse légère qui était fixé à mes murs. J'avais l'impression d'être couverte d'une couche de crème fouettée plutôt que les lattes et le solide plâtre auxquels j'étais habituée.

J'étais particulièrement triste de voir le cèdre cassé et je me demandais ce qu'il allait devenir. Ma propriétaire a compris que le cèdre avait une signification particulière pour moi. Elle s'est assise un soir dans mon salon et, après un moment de silence, elle m'a dit,

« C'est bien dommage pour le cèdre, n'est-ce pas ? J'ai vu dans *Le Républicain* cette semaine des photos de magnifiques sculptures réalisées par quelqu'un avec une tronçonneuse. Il paraît que l'artiste ne veut pas être sollicité, mais je vais voir avec M. Borcard, le rédacteur, s'il peut me dire de qui il s'agit. »

J'ai trouvé que c'était gentil de sa part d'être si sensible et consciente de mes sentiments. Au lieu d'enlever ce qui restait du cèdre, elle l'a fait couper à un mètre du sol. L'artiste, un homme de la région ayant une ferme à gérer, était las d'être solli-cité pour ses sculptures.

« Je sais que vous devez être très occupé, » lui dit ma propriétaire au téléphone. « Je voulais juste vous demander si vous aviez déjà sculpté un cèdre ? »

« Non, mais j'ai cru comprendre qu'il se sculpte comme du beurre et sent merveilleusement bon, » il a répondu.

L'agriculteur, à l'âme d'artiste, fut captivé par le décor. Dans l'espace d'un après-midi, il a sculpté deux ours, avec

une grande tronçonneuse et une plus petite pour les finitions. Mon portail donnant sur l'avenue de la Gare est
resté ouvert pour que la famille de l'artiste puisse entrer
et voir son œuvre.

Tout le quartier sentait agréablement le bois de cèdre
frais.

J'ai donc quelques cicatrices de Lothar que je porterai
pour le reste de mon existence. Nous n'avons pas été le
seul pays touché. La tempête a dévasté de grandes éten-
dues en France, en Allemagne et en Italie. Les vents ont
atteint un record de 272 km/h ; 140 personnes ont été
tuées et les dégâts ont été estimés à 10 milliards d'euros.

La saison des chambres d'hôtes a commencé, au premier étage seulement ; mais six mois plus tard, lorsque
mon deuxième étage a été à nouveau fonctionnel, j'ai enfin

pu tourner la page de ce sombre épisode de mon histoire et entrer pleinement dans le nouveau millénaire.

La Master Class

C'était à peine l'aube lorsque mon attention a été attirée vers l'arrière de mon jardin. À mon grand étonnement, j'ai vu un groupe de personnes faire de la gymnastique sur l'herbe encore humide de rosée. Ils s'élançaient dans les airs, en étirant leurs bras au-dessus de leurs têtes. Lorsque leurs pieds retombaient, un éventail de gouttelettes jaillissait de l'herbe. Ils ressemblaient à une collection de sculptures de Giacometti en mouvement. Je n'avais pas l'habitude de voir autant d'activité si tôt le matin.

À la fin des exercices, le groupe s'est réuni autour de la table dans ma salle à manger et des partitions de musique ont été distribuées. Leur professeure n'était autre que Mme Chung, la petite dame asiatique qui avait séjourné dans ma chambre d'enfants il y a quelques années.

Elle avait pris sa retraite de l'Opéra national de Paris, et voilà que sa Master Class se déroulait chez moi. Personne dans la maison n'avait cru que ce projet prendrait vie, mais nous ne connaissions pas la dynamo qu'était Mme Chung.

J'avais observé les nouvelles personnes emménager dans mes chambres la veille au soir et remarqué que les voitures de mon parking avaient des plaques d'immatriculation françaises. J'ai entendu dire que nous attendions un groupe d'étudiants en musique, et je me réjouissais que la maison résonne à nouveau de mélodies comme à l'époque de mon médecin.

Mais ceci était ma première expérience avec des chanteurs d'opéra. L'un des objectifs de la classe était de former les élèves à projeter leurs voix, sans l'aide de microphones, dans de vastes arènes en plein air comme Avenches, Vérone ou Orange.

« Projeter votre voix, disait Mme Chung à ses étudiants, c'est jeter votre cœur contre le mur au fond de la salle ! »

J'allais bientôt découvrir ce que cela signifiait. D'abord, il y a eu les exercices d'échauffement de la voix ; des syllabes staccato, allant de la basse au soprano, sortaient comme d'une mitraillette. Les élèves observaient les mouvements de leur bouche dans un grand miroir. En quête de perfection, les vocalises et les répétitions de notes aiguës dans des gammes difficiles duraient des heures dans mon intérieur et dans mon jardin. Les passants sur l'avenue de la Gare s'arrêtaient, le regard inquiet, se demandant s'ils devaient venir en aide à... quoi ou à qui.

Lorsque les exercices prenaient fin, les élèves se réunissaient dans mon petit salon autour du piano et recevaient des partitions d'opéras célèbres. Par groupes de trois ou quatre, ils interprétaient des airs mélodieux de La Traviata, Aïda, Nabucco et Carmen. Ils chantaient comme des anges ! Mes salons ont une excellente acoustique grâce à leurs hauts plafonds et mon intérieur résonnait de musique céleste.

À la fin de la Master Class, Mme Chung a organisé un concert. Vêtus de tenues de soirée, smokings ou longues robes fluides, les élèves s'asseyaient calmement dans mon salon et attendaient de chanter leurs solos et leurs duos. À tour de rôle, ils étaient présentés et ont occupé le devant de la scène dans mon petit salon, à côté du piano. J'étais tellement fière de servir de cadre à tant de talent et de beauté.

Dans ma salle à manger, les tables avaient été repliées et remplacées par des rangées de chaises. Ma propriétaire s'est assise sur un coussin sur le haut de mon escalier avec d'autres qui savaient où se trouvait la meilleure sonorité. Les quatre-vingts sièges étaient occupés et tout le monde était ravi.

Le concert s'est terminé par la Barcarolle des Contes d'Hoffmann composée par Jacques Offenbach. Les spectateurs se sont donné la main et sont sortis dans le jardin pour l'entracte et les rafraîchissements. Cela m'a rappelé le programme musical organisé dans mon jardin par Jacqueline Thévoz et mon médecin dans les années cinquante. J'étais heureuse d'être à nouveau la scène d'une production musicale.

Pendant les cinq merveilleuses années que la Master Class a été organisée chez moi, nous avons apprécié la compagnie de ces chanteurs sensibles et talentueux. Nos concerts sont devenus connus dans la ville et j'attendais le retour de la Master Class avec impatience. Les étudiants étaient très avancés et avaient une grande expérience des concerts et des récitals.

À part l'analyse de leur voix, de leur posture, de leur respiration et de leur interprétation, la Master Class les aidait à surmonter les obstacles d'entrée dans de prestigieuses compagnies d'Opera hermétiquement fermées.

Une année, la quatrième je crois, j'ai écouté une conversation entre ma propriétaire et Mme Chung.

« Je ne suis pas satisfaite du niveau de mes étudiants cette année, disait Mme Chung. Je vais inviter quelques amis de Paris à venir les rejoindre pour le concert, afin d'élever le niveau. Est-ce que vous pouvez organiser le logement ? »

Des chanteurs d'opéra de renom sont arrivés avant le concert et nous avons eu droit à un spectacle lyrique inoubliable. Je débordais de fierté d'avoir des personnalités aussi exceptionnelles dans mon petit salon.

J'ai été bien triste quand les Master Classes ont pris fin : c'était mon événement préféré de l'année. Autour d'une tasse de café, Mme Chung a demandé à ma propriétaire :

« Voulez-vous venir à Paris avec vos amis ? Je demanderai au régisseur de l'Opéra de vous faire visiter le Palais Garnier. »

« Vraiment ? Bien sûr, nous allons venir ! »

Le Palais Garnier est considéré comme l'opéra probablement le plus célèbre du monde, un symbole de Paris comme la Cathédrale Notre-Dame, le Louvre et le Sacré-Cœur. Sur place, ma propriétaire et ses amis ont visité l'ancienne loge de Mme Chung, le studio de ballet du célèbre Rudolf Noureev, l'atelier de confection des costumes avec son plafond rempli de tutus suspendus, les coulisses avec leur réseau complexe de poulies, de cordes et la terminologie marine utilisée par les manutentionnaires.

Naturellement, beaucoup de photos ont été prises et j'ai revu le Palais Garnier que j'avais déjà vu dans le magazine L'Illustration quand j'étais jeune. Le Palais de l'Élysée, la

Cathédrale Notre-Dame, le Louvre, la Basilique et d'autres bâtiments célèbres de Paris étaient exactement comme je les avais les vus il y a un siècle. Ce qu'il y a de mieux avec les structures classiques comme celles-là, et comme moi, c'est que nous ne vieillissons pas et que nous ne nous démodons pas.

Mon studio

Bien que j'aie apprécié tous les efforts que ma propriétaire avait consentis pour l'organisation de mon cycle culturel et tout le bonheur que cela m'a porté, pendant ce temps mon entretien avait été négligé et ma rénovation avait pris du retard. Ma propriétaire en était consciente et, un soir, elle s'est assise dans le salon, désormais partagé avec le guerrier de l'Empereur Qin, et a fixé le plafond. C'était l'heure de l'un de nos monologues au coucher du soleil. J'attendais ce qu'elle avait à me dire.

Le VTT était devenu un sport très populaire dans notre région ; des vélos de montagne avec de gros pneus et 21 vitesses apparaissaient un peu partout dans la campagne et les forêts, en plaine comme en montagne. L'usine locale de produits laitiers organisait une compétition annuelle de cyclocross appelée "Elsa Bike Trophy" qui attirait chaque année plus de mille participants sur ses circuits tout terrain de 20, 30 ou 60 kilomètres. Il s'agissait d'un événement de deux jours et les concurrents réservaient des chambres chez moi bien à l'avance. Le temps était souvent pluvieux, ce qui fait que les cyclistes apparaissaient sur le pas de ma porte, couverts de boue de la tête aux pieds.

« J'ai pensé aménager un studio au sous-sol de l'annexe

avec une douche, » a dit ma propriétaire. « Les cyclistes pourraient se doucher avant d'entrer dans la maison et cela ferait aussi office de salle de classe. »

Naturellement, comme je n'aimais pas la boue, j'ai approuvé cette idée ! Seul problème, le sous-sol de l'annexe abritait trois voitures : une Ferrari, une Maserati et une Datsun. Qu'allait-elle en faire ?

« Je serai obligée de vendre les voitures, » a-t-elle dit.

Je savais que cela allait être un crève-cœur pour elle. Tant de souvenirs de Jack étaient liés à ces voitures élégantes et rapides. Leur vente a été un moment émouvant, et ma propriétaire n'a pas eu le courage d'être présente le jour où elles sont parties. Avec tristesse, j'ai regardé les voitures être chargées sur une remorque et disparaître sur la route Saint-Pierre.

Il y a soixante ans, mon sous-sol avait été une salle de physiothérapie avec de nombreuses machines où les patients travaillaient pour améliorer leur santé. Le linoléum installé sur le sol en 1937 s'était désintégré et avait fusionné avec la dalle de béton en dessous ; il a fallu l'enlever, centimètre par centimètre. Ayant l'habitude des excavations difficiles, Cyril et Jacques, les collègues de ma propriétaire, sont venus donner un coup de main. L'espace découpé dans le mur pour faire entrer les voitures a été muré à nouveau.

Un lit escamotable a été fixé au mur pour que la pièce puisse servir à la fois de salle de classe et d'espace de vie. Maintenant, ma salle de physiothérapie-garage-studio était prête et les cyclistes disposaient d'une douche. En plus, j'ai bien aimé son joyeux décor provençal jaune et bleu et son vitrail assorti.

Faux marbre

Une année s'était écoulée et les initiatives que ma propriétaire avait entreprises commençaient à porter leurs fruits. Les programmes culturels se répètent chaque année et rapportent un revenu stable et beaucoup de plaisir à nous deux. Cependant, au fil du temps, j'ai senti que ma propriétaire avait besoin d'un nouveau défi. La tombée de la nuit l'a trouvée assise dans sa chaise préférée à côté de la cheminée et j'étais impatiente d'apprendre ce qui allait se passer ensuite.

« C'est à propos de cette couleur vert foncé dans le hall et en haut des escaliers, » a-t-elle dit. « Je veux la remplacer par une teinte plus claire, mais je ne sais pas comment il faut faire les panneaux de faux marbre en bas des murs. »

Elle réfléchit un moment et poursuivit :

« Je vais commencer par les murs. La hauteur de la cage d'escalier va poser un problème. Pour atteindre le plafond voûté, je pourrais mettre une partie de mon échafaudage au premier étage et un autre sur le palier de l'escalier. Donc pour faire le pont entre les deux, il y a ces longs plateaux de tables de pique-nique au sous-sol ; cela me donnerait une plate-forme de travail à cinq mètres du sol. Je pense que je peux atteindre tous les recoins des murs et le plafond comme ça. »

Est-ce qu'elle était sérieuse? Ou suicidaire peut-être? En supposant qu'elle survive à cette folie, en quelle couleur prévoyait-elle de peindre mes murs et mes panneaux de faux marbre?

« Il y a une belle couleur abricot dans la mosaïque sur le sol, a-t-elle poursuivi, je pense que cela conviendrait et serait beaucoup plus gai que ce vert terne. La Foire aux antiquités du Landeron ouvre le week-end prochain. Je pourrais peut-être trouver un spécialiste du faux marbre là-bas. »

Elle a effectivement trouvé une artiste au Landeron qui est venue travailler sur le projet. Ensemble, elles ont commencé par mes panneaux du hall au niveau du sol. Au début, elles ont partagé une palette préparée par l'artiste. Au fur et à mesure que ma propriétaire est devenue plus habile, elles ont travaillé côte à côte. Lorsqu'elles ont eu des crampes dans les jambes, elles sont passées aux panneaux longeant les escaliers, où elles pouvaient tra-vailler assises sur les marches. Le mélange d'huile de lin, de térébenthine et de pigment devait être parfait, sinon la composition ne collait pas; s'il y avait trop d'huile, elle glissait en bas du mur. Une dernière touche de blanc ajoutait de la profondeur.

J'ai suivi leurs progrès avec intérêt et nous avons fêté l'achèvement des 55 panneaux avec une petite bouteille de champagne. Mais elles n'avaient pas vu qu'un des pan-neaux avait été oublié au premier étage. C'était frustrant de ne pas pouvoir se plaindre ! Pour la première fois, je n'étais pas satisfaite du travail de ma propriétaire ! Mais avec le temps, j'ai fini par accepter le panneau vert oublié comme une référence historique aux panneaux d'origine.

Métamorphose à la cave !

Une autre amélioration de ma structure est arrivée peu après. Quand mes fondations avaient été posées en 1911, elles répartissaient le sous-sol en sept pièces, toutes dotées de murs porteurs pour soutenir les étages supérieurs. Il y avait une chaufferie, deux réduits, une salle de billard, un caveau de rempotage, une buanderie et un atelier.

J'étais satisfaite de cet arrangement jusqu'à une séance de dégustation de vins organisée dans mes salons, les membres d'une société vigneronne de Lavaux sont venus y présenter leurs produits. Dans la halle, se trouvaient des posters, des brochures et des photos de leurs caves ; cela m'a rappelé mes premières années lorsque je regardais les pages de L'Illustration venant de Paris. J'y voyais des châteaux dans les régions de Bordeaux et de Bourgogne ; dans leurs sous-sols, les caves à vin les rendaient très fiers. Comme j'aurais aimé avoir une cave comme ça moi aussi ! J'avais essayé de bannir cette idée de mon esprit. Il ne faut pas convoiter des choses qui sont hors de portée.

Monsieur Jack était un connaisseur en vin et lisait des livres avec des images de caves sombres, moisies, merveilleusement mystérieuses, remplies de bouteilles dans des casiers en losanges allant du sol au plafond. Les fenêtres de ces caves étaient composées de cercles ronds de verre soufflé maintenus par du plomb. Comme ces fenêtres étaient belles !

L'automne était arrivé. Les érables qui encadraient mon portail donnant sur l'avenue de la Gare avaient pris leur teinte rouge-bordeaux sous la lumière décroissante.

Je savais que ma propriétaire allait trouver l'hiver long et n'aimait pas être confinée à l'intérieur.

Mais cette année-là, elle eut de la chance. L'automne apporta la visite d'un ami des États-Unis, amateur de vin. Ils passaient de longues soirées autour d'un verre à discuter des mérites de la production californienne de chardonnay, cabernet sauvignon et merlot, des cépages baignés de soleil. Ma propriétaire défendait nos vins blancs suisses uniques à base de chasselas en lui promettant une visite des vignobles de Lavaux sur le lac Léman, afin de lui montrer la difficulté de produire du vin sur un terrain presque vertical.

« Je suis surpris qu'il n'y ait pas de cave à vin dans une maison comme celle-ci, » a fait remarquer Vern, notre visiteur.

« Je sais, » a répondu ma propriétaire. « Mais je pense qu'elle était prévue. Il y a un endroit parfait au sous-sol. Je vais te le montrer. »

Elle lui a montré la pièce de rangement entre ma buanderie et mon atelier. Sur un des murs, il y avait des armoires en bois pour stocker les conserves.

« C'est vraiment parfait, » dit Vern. « Il me reste un peu de temps pendant ce voyage. Allez ! Nous allons transformer cet endroit en cave à vin. »

J'étais ravie d'entendre ça. J'ai vraiment apprécié cet homme.

Ils se sont attaqués au projet avec enthousiasme. Ils ont trouvé des modules en forme de losange et les ont vissés au mur du sol au plafond. Un grand tonneau en bois, qui était resté pendant des années dans mon atelier, a trouvé sa place contre le mur et a fièrement servi à exposer une collection de channes en étain. Un plafonnier rustique en bois et fer forgé, qui n'avait jamais trouvé sa place dans la maison, couronnait parfaitement la cave. L'éclairage sombre, nécessaire pour conserver le bon vin, a été créé en utilisant des ampoules de 15 watts prévues pour un four de cuisinière.

Rosmarie est passée pour voir comment le projet avançait.

« Il me semble que tu sais faire du vitrail, n'est-ce pas? » a demandé ma propriétaire. « Serait-il possible de remplacer le verre de cette fenêtre par du verre soufflé couleur ambre? »

« Je pourrais tenter le coup ! » a répondu son amie.

Ma propriétaire n'avait aucune idée de ce que cette demande représentait. Rosmarie est partie avec les cadres de fenêtres pour revenir quelques semaines plus tard avec deux magnifiques panneaux en verre ambré. Ils étaient magnifiques. J'étais ravie, ma propriétaire aussi.

« Comment as-tu fait? lui demanda-t-on.

« Eh bien, je suis allée à la bibliothèque du Musée du Vitrail à Romont, où j'ai trouvé un livre sur la fabrication des vitraux. Près de Zurich, j'ai trouvé un fournisseur de "Butzenscheiben", comme les Allemands appellent ces cercles de couleur ambre en verre soufflé, ainsi que du verre plat de la même couleur pour les espaces entre les cercles. J'ai ensuite bordé chaque cercle de verre avec un plomb spécial et ajusté le verre plat entre eux. Après avoir renforcé l'ensemble, je l'ai inséré dans le cadre de la fenêtre.

Ma propriétaire est restée sans voix.

Les nouveaux cadres de fenêtres ont été installés, ils étaient superbes.

La dernière étape a consisté à recouvrir le sol en béton de gravier, puis à acheter du vin.

Je ne peux pas vous dire à quel point j'étais ravie de ma cave à vin. Elle était mystérieuse et captivante à souhait et je n'avais plus aucune raison d'être jalouse des châteaux en France.

Vern a fait sa valise et est parti pour l'aéroport de Genève.

Mon énergique propriétaire était assise dans son fauteuil au salon. J'attendais de savoir si elle avait prévu de nouveaux projets. À vrai dire, j'étais exténuée et j'aurais bien aimé respirer un peu !

« C'était merveilleux d'avoir Vern ici, n'est-ce pas? Et grâce à lui, vous avez enfin une cave à vin. »

Oui. J'étais heureuse que ma cave soit réalisée après toutes ces années !

« Ta rénovation est plus ou moins à jour maintenant. Je ne vois rien d'urgent à faire, » a-t-elle poursuivi.

« Je pense que nous pouvons faire une pause. »

La révolte paysanne ne fait que commencer

Nous étions en 2001 et tout a été calme dans le quartier jusqu'au mois de mars, puis l'animation a commencé. Plus de 300 agriculteurs ont bloqué l'usine laitière ELSA, exigeant une autre méthode de calcul et un prix plus élevé pour leur lait. Selon eux, le prix payé était inférieur de deux à trois centimes à celui des grands acheteurs de lait comme Swiss Dairy Food, Cremo ou Nestlé.

Un journaliste de La Liberté a raconté les événements point par point.

Tout a commencé à quatre heures du matin lorsque quarante tracteurs ont bloqué les trois accès de l'usine. Prévenue la veille, la Direction avait accéléré les livraisons pour que les derniers camions puissent quitter l'usine avant le blocage.

La police est arrivée à huit heures au rond-point le plus proche où un groupe de plus de cent manifestants avait allumé un feu.

Une demi-heure plus tard, le directeur a reçu une poignée de journalistes et déclaré:

« Je ne céderai pas au chantage. »

Les négociateurs des agriculteurs ont rencontré le directeur et le responsable des achats.

« Nous ne céderons pas. C'est tout ou rien, » a déclaré un agriculteur venu d'aussi loin que le Jura. Des agriculteurs des districts de la Veveyse et de la Gruyère étaient également venus soutenir leurs collègues de la Broye. Ils portaient une banderole portant l'inscription suivante: La révolte paysanne ne fait que commencer !

Le directeur de l'usine a refusé toute discussion.

Les négociateurs sont retournés auprès des agriculteurs.

« Nous reviendrons dans une demi-heure. Restez calmes et surtout, ne cassez rien ! Notre crédibilité est en jeu. »

À onze heures, une nouvelle réunion était prévue.

« Elle sera courte, » ont dit les négociateurs. Elle l'a été. Elle n'a duré qu'une heure.

Dehors, les paysans ont ouvert un tonneau de bière et découpé un jambon. Les délégués sont revenus.

« Le directeur veut que nous débloquions l'accès à l'usine. Il a fait une petite concession, mais ce n'est pas suffisant ! »

Pendant que les trois délégués retournaient négocier, quinze agriculteurs se sont faufilés derrière l'usine avec l'intention de fermer le portail qui donne accès au rail, la seule sortie encore ouverte ; c'est par là que sortent les deux tiers des produits finis. Un groupe d'employés de l'usine et les agriculteurs se fixaient en silence, puis la police est entrée en scène.

Soudain, un deuxième groupe d'agriculteurs, camouflé par un talus, est descendu sur la voie défendue par un seul policier. Les employés ont cadenassé le portail devant cinquante protestataires. À ce moment, le commissaire de district et le chef de la police se sont entretenus avec les dirigeants du mouvement. Le chef de la police voulait interrompre le trafic ferroviaire afin de prévenir un accident. Pour éviter une telle mesure, le commissaire a demandé aux manifestants de s'éloigner de la voie ferrée, promettant qu'ils seraient prévenus si l'usine rouvrait le portail. Un train est passé au ralenti, suivi d'un autre.

Les négociateurs ont donné des nouvelles:

« Il y a des progrès, mais ce n'est toujours pas suffisant. On y retourne pour la dernière fois. À 15 heures, nous suspendrons les négociations et les reprendrons demain. Tout le monde se relaiera sur le piquet de grève. »

Les agriculteurs ont sorti leurs cartes de jass et le boucher local a découpé des saucissons. Les négociateurs sont revenus à 15 h 30, accompagnés par le commissaire et le chef de la police pour annoncer qu'un accord acceptable avait été trouvé.

Le blocus a été levé.

« J'étais étonnée que de tels événements se passent dans ma petite ville tranquille. Cela ressemblait plutôt à la grève des mineurs au Royaume-Uni du temps de Margaret Thatcher.

Comme j'avais passé toute ma vie dans le quartier de la gare, je n'avais jamais rencontré un seul agriculteur, sauf mon voisin M. Pillonel.

Je ne m'imaginais pas que nos agriculteurs étaient une race aussi dynamique et passionnée.

Ouverture de l'autoroute

Au cours des dernières années, mes journaux ont publié beaucoup d'articles sur la future autoroute A1. J'ai vécu très peu de choses qui ont eu autant d'impact sur notre district que le passage de l'autoroute. Je vous ai déjà parlé des recherches et des fouilles qui ont eu lieu avant que la construction puisse commencer.

L'autoroute n'était pas une mince affaire. Elle traversait tout le pays, de Genève à Saint-Margrethen, complétant ainsi la transeuropéenne E 25 de la mer du Nord a la mer Méditerranée. Les 23 kilomètres près de chez nous, entre Yverdon-les-Bains et Payerne, ont fait l'objet d'années de litiges et de protestations, principalement de nature environnementale, retardant considérablement la construction et l'ouverture de l'autoroute. L'ultime tronçon nécessitait quinze ouvrages d'art principaux dont 3 tunnels, 4 tranchées couvertes, 8 ponts et viaducs. C'était la première fois que les enjeux environnementaux avaient un tel impact sur la réalisation d'une autoroute.

A fin mars, ma propriétaire a sorti ses rollers et s'est dirigée vers l'autoroute pour joindre une foule de 20'000 personnes à rollers, en trottinette, en fauteuil roulant, à bicyclette ou à cheval. C'était une véritable marée humaine qui a envahi le nouveau tronçon avant qu'elle ne soit ouverte aux voitures le 5 avril 2001.

L'aire du restoroute, après une concurrence acharnée, avait été attribuée à notre région et s'ouvrait sous le nom de Rose de la Broye. Les autorités locales espéraient une forte retombée économique de cette liaison du nord au sud de l'Europe traversant notre région.

La première manifestation en a été l'ouverture de l'Office fédéral des routes (OFROU), l'autorité suisse compétente pour l'infrastructure routière, située à quelque 100 mètres de chez moi. Les autorités locales espèrent que l'autoroute amènera de nouvelles industries au sein de notre ville.

L'Exposition nationale

La nouvelle année a vu l'Expo.02, la 6e Exposition nationale suisse, ouvrir ses portes. Cinq sites, appelés Arteplages, étaient installés à Yverdon-les-Bains, Neuchâtel, Morat, Bienne et sur une péniche itinérante représentant le Jura.

Un groupe de femmes, les Soroptimistes, a loué toutes

mes chambres et organisé un dîner aux chandelles sur mon court de tennis. Ces femmes remarquables soutenaient de nombreux projets humanitaires et étaient très enthousiastes à l'égard de l'Expo 02.

L'exposition a connu de nombreux problèmes financiers et organisationnels ; elle a finalement été sauvée par la Confédération. Parmi les expositions, le bathyscaphe d'Auguste Piccard était exposé à Morat, ainsi qu'un monolithe flottant sur le lac.

À l'intérieur de ce bâtiment très spécial, les visiteurs avaient le plaisir de voir le tableau monumental de l'histoire de la bataille de Morat du 22 juin 1476, peint par Louis Braun en 1893. Malheureusement, à la fin de l'exposition, ce magnifique panorama a été enroulé et renvoyé dans un entrepôt militaire.

La fermeture de l'Institut Stavia

Parmi les nouvelles de mon quartier, la fermeture définitive de l'Institut Stavia a créé un véritable choc.

En 1995, la société avait déjà vendu à perte son bâtiment Stavia Lac et maintenant c'était au tour de l'ancien Hôtel Bellevue. Les difficultés croissantes de recrutement et de lourdes charges financières, couplées avec le non renouvèlement de son prêt hypothécaire, ont obligé l'Institut à cesser ses activités.

L'Institut avait pour principale vocation d'offrir un apprentissage du français aux adolescents alémaniques catholiques durant une dixième année scolaire. Au terme de leur année en terre romande, les élèves obtenaient un diplôme de l'Alliance française. J'étais très déçue de voir la fin d'une institution qui a tellement contribué à la renommée de notre ville.

Pas pour la première fois, j'ai eu du souci pour l'avenir de mon élégant voisin, l'Hôtel Bellevue. Il aurait dû célébrer ses cent ans en 2005 ! Une raison de faire la fête, mais hélas ce fut tout le contraire ! Pendant près d'un siècle, j'ai vu des touristes et des étudiants passer par l'entrée principale de cet extraordinaire édifice et s'attarder dans son jardin.

Depuis la fermeture de l'Institut Stavia, l'édifice est resté vide et s'est dégradé. Je le constatais tous les jours depuis mon portique. Son état m'effrayait et j'espérais de ne pas subir le même sort !

Ma propriétaire se marie

Malgré tous ces événements qui exigeaient mon attention, j'ai remarqué que quelque chose était en train de changer dans notre petit royaume. Depuis quelque temps, un gentilhomme apparaissait de plus en plus souvent dans mon intérieur. Il était grand et svelte, avec des cheveux gris et une allure d'aristocrate.

Quinze ans s'étaient écoulés depuis le décès de Monsieur Jack. Ma propriétaire se lasserait-elle d'être veuve?

Elle était assise dans mon salon près de la cheminée. Je savais qu'elle avait quelque chose à me dire et j'étais presque sûre de savoir ce qu'il en était.

« J'ai décidé de me remarier, » a-t-elle dit.

« J'imagine que tu seras ravie du statut social de mon futur mari. Il vient d'une vieille famille ennoblie qui, entre autres choses, a construit des voitures à St-Blaise au début du siècle dernier. »

Je me suis souvenue de ces belles voitures Martini qui passaient sur l'avenue de la Gare dans les années vingt. D'ailleurs, mon voisin Charles Bovet en possédait une. Ma propriétaire ne le savait pas, mais j'avais observé Monsieur de Martini de près pendant plusieurs mois. Je savais qu'il était aussi veuf et retraité de la Confédération à Berne. J'avais remarqué qu'il avait volontairement aidé ma propriétaire au jardin et entrepris des réparations sur ma structure. J'ai décidé que ça ne ferait pas de mal d'avoir un homme dans la maison pour soutenir ma propriétaire...mais j'avais l'impression qu'elle me cachait quelque chose.

J'ai attendu.

« Eh bien, » dit-elle finalement, « il a sa propre maison ! »

« Mais... mais ça ne va pas ! »

J'étais choquée ! Dévastée ! Qu'est-ce que ça voulait dire? Est-ce qu'elle allait me quitter? La maison de M. de Martini n'était sûrement pas plus belle que moi ; il allait certainement s'en débarrasser et venir vivre chez moi.

Ma propriétaire poursuivit.:

« Ne t'inquiète pas ! Nous continuerons à vivre ici, sauf en hiver quand nous serons alors dans sa maison à la campagne. Ce n'est pas très loin. Il y a une cheminée et une cuisinière à bois. C'est très douillet en hiver. Je viendrai deux fois par semaine pour voir si tu vas bien. »

Douillet ! Je suis grande et élégante, et elle veut « douillet »? Et qui va s'occuper de la Master Class, du

Septembre Pictural, des cours de peinture, des étudiants américains, du feuilleton de la télévision, et des hôtes du Bed and Breakfast? Tous ces gens avaient besoin d'elle. Est-ce qu'elle avait pensé à eux? Vraiment?

« Les programmes culturels se poursuivront sans changement, » dit-elle. « Maintenant que le studio est terminé, les professeurs sont autonomes ; ils ont une salle de classe pendant la journée et un appartement confortable la nuit. »

Finalement, je me suis calmée. Évidemment, je voulais qu'elle soit heureuse. Le mariage a eu lieu dans notre château, comme c'est le cas pour les mariages civils dans notre ville. Sur les photos, j'ai enfin pu voir l'intérieur du château, il y avait une belle salle baroque au premier étage réservée aux cérémonies de mariage.

La réception a eu lieu dans mes salons. Après une courte lune de miel, le nouveau mari s'est installé tant bien que mal dans notre routine intensive. Lorsque la vocalise de la Master Class devenait trop aiguë, l'odeur de térébenthine de la classe de peinture trop répugnante, les étudiants trop bruyants, ou qu'il trébuchait sur les câbles de l'équipe de tournage, il se réfugiait dans le calme de sa maison à la campagne.

Mon cycle culturel prend fin

Un autre printemps était en train de se dévoiler. Les perce-neiges et les boutons d'or émergeaient et j'ai senti que ma façade commençait à se réchauffer peu à peu. Après Pâques et le cortège du Surrexit, c'était l'arrivée des fleurs sur les cerisiers et des étudiants américains. Le programme coïncidait parfois avec les fêtes médiévales organisées dans notre ville.

C'était l'occasion pour les étudiants de découvrir la nourriture et les habits du Moyen Âge. Ils ont participé aux préparatifs, recouvert les panneaux publicitaires de jute, tourné la broche pour rôtir un cochon entier dans la rue et installé un bar de l'hydromel (un vin à base de miel très apprécié au Moyen Âge).

S'habiller en costumes médiévaux était amusant, surtout pour les filles qui ont passé un long moment à choisir leurs robes et à danser autour de mon salon. Cela m'a beaucoup amusée d'observer ces jeunes Américaines modernes et sophistiquées quitter la maison dans leurs robes longues et tuniques ceinturées, hallebardes en main, marchant droit vers le Moyen Âge.

J'ai eu du mal à adapter mon vocabulaire à la nouvelle technologie des étudiants. J'entendais désormais : iPhone, iPad, GPS, modems, drones, tablettes, Google, Skype, réseaux sociaux, Facebook et Twitter. Je ne pensais pas que ces smartphones deviendraient populaires parce qu'ils étaient si chers, mais j'avais sous-estimé l'obsession humaine pour les nouvelles technologies.

Les étudiants, qui avaient parcouru une grande distance pour apprendre les modes de vie d'autres cultures, s'asseyaient toujours dans mon entrée, le plus près du modem, et parlaient à leurs familles et leurs amis par Skype.

Un matin, à la table du petit-déjeuner, j'ai écouté ma propriétaire discuter du programme des étudiants avec le professeur.

« Quand nous avons lancé ce programme, c'était pour élargir les horizons de nos étudiants. Nous voudrions les sortir de leur environnement en les plaçant dans une autre culture. Et jusqu'à présent, ça a marché. Mais avec Skype, les iPhones et les médias sociaux, l'isolement n'est plus possible ! Notre programme, tel que nous l'avons conçu, va être difficile à maintenir à l'avenir. »

« Tu as raison, » dit le professeur. « L'histoire ancienne vaincue par l'électronique moderne. Quel dommage ! »

Et c'est ainsi que s'est terminée ma carrière académique. Mon cycle culturel s'est également achevé avec la dernière édition du Concours de peinture. Les toiles empilées dans mon hall, l'odeur de la térébenthine et le bavardage animé de notre petite colonie d'artistes me manqueront. De nombreux artistes talentueux ont été découverts parmi la population de notre région. J'étais fière d'avoir joué un rôle dans la promotion des beaux-arts, tout comme les célèbres colonies d'artistes de Montmartre et de Barbizon... enfin, en quelque sorte.

J'étais un peu perdue à la fin de mes programmes culturels et je me demandais où mon avenir me mènerait, quand j'ai vu mon voisin, M. Pillonel, ouvrir mon portail côté route de la Gare. Il était en train de mettre son moulin en service pour l'ouvrir au public, et il est venu inviter ma propriétaire à le visiter.

Les meules ont été ciselées dans le département de la Seine et Marne en France. En 2000, un groupe appelé Swiss Mill Friends avait été créé pour préserver les moulins pour les générations futures et transmettre le savoir-faire de la meunerie. L'association compte 450 membres et publie un guide annuel. Le Moulin Pillonel était l'un des quatre moulins ouverts au public cette année-là.

Malheureusement, je n'ai pu l'observer que de loin.

Solar Impulse plane au-dessus de mon toit

Par une journée nuageuse en avril 2010, des milliers de spectateurs ont retenu leur souffle sur le tarmac de notre l'aéroport militaire de Payerne: le monoplan *Solar Impulse* décollait lentement pour son premier vol de 24 heures.

L'événement était rapporté dans toutes nos journaux et même dans la presse internationale. La famille d'explorateurs Piccard est de retour ; Bertrand Piccard et André Borschberg ont fait le premier pas vers un vol autour du monde en utilisant uniquement l'énergie solaire. Cinq ans plus tard, leur expédition a décollé des Émirats arabes unis pour sa première étape. Quelques retards ont été enregistrés lorsque les batteries de l'avion ont été endommagées en survolant l'océan Pacifique ; il a fallu des mois pour les réparer.

Sur une période de 16 mois, Solar Impulse a parcouru 42 000 kilomètres au cours d'un voyage en plusieurs étapes autour du monde pour promouvoir la technologie de l'énergie propre.

Avec ma proximité de l'aérodrome de Payerne, je m'étais habituée à voir l'avion solaire planer sans bruit au-dessus de mon toit pendant ses vols d'essai. Bien que sa forme soit différente, il me rappelait le dirigeable silencieux Graf Zeppelin qui était passé au-dessus de mon toit en 1930.

Retour du bateau à vapeur, le *Neuchâtel*

Le son du moteur du moped postal résonnait le long des murs de la route Saint-Pierre et j'ai entendu le bruit sourd du journal tombant dans ma boîte aux lettres.

Un article dans *Le Républicain* annonçait que notre vénérable bateau à vapeur, le *Neuchâtel*, inauguré le 9 mai 1912, allait être restauré et remis en service. J'étais trop jeune en 1912 pour me souvenir de l'inauguration.

Cependant pendant plus de 50 ans, je me réjouissais d'entendre le son funeste de sa corne de brume lorsqu'il s'approchait de notre port et le battement de son moteur lorsqu'il se dirigeait vers le quai. En 1913, le *Neuchâtel* assurait un service quotidien de Bienne à Neuchâtel, tandis qu'un bateau identique, le *Fribourg*, faisait la liaison avec Yverdon.

Malheureusement, cette offre sympathique, bien appréciée par la population, a pris fin en 1914 à cause de la guerre.

Dans notre région, nous avons compris que le *Neuchâtel* est un bateau à vapeur lacustre et fluvial, contrairement aux autres bateaux à vapeur des lacs suisses. Les limitations de hauteur des ponts sur les canaux de la Broye et de la Thiele ont conduit à des innovations originales. Le salon principal était encastré dans la coque, la cheminée pouvait être inclinée et les bouches d'aération avaient des manchons amovibles. En 1969, à mon plus grand regret, le *Neuchâtel* a été retiré du service et transformé en restaurant à quai dans le port de Neuchâtel.

Selon *Le Républicain*, il a été mis en vente en 1999. Trivapor, une association pour la navigation à vapeur, a été créée pour acquérir le bateau à vapeur et le rendre opérationnel. Après de longues négociations avec la société immobilière qui en était propriétaire, Trivapor a acheté le bateau le 22 février 2007. Des donateurs privés, la Loterie Romande, les cantons de Neuchâtel et de Vaud, les communes voisines, l'Office fédéral de la culture et les privés ont financé la rénovation.

Le 18 septembre 2010, le Neuchâtel partait en direction de Morat, via le canal de la Broye. Escorté par une vedette de la police d'un côté et la barge Attila de la société TSM Perrottet de l'autre.

Ce convoi extraordinaire est parti à 10 heures, a fait une halte festive à Morat et est arrivé le lendemain au chantier naval de Sugiez où les travaux de restauration seraient entrepris. Les amateurs de bateaux à vapeur ont pu suivre le convoi à bord d'un bateau affrété pour l'occasion. Le service technique de la Société de navigation du lac des Quatre-Cantons a supervisé la délicate opération de mise en cale sèche du bateau de 150 tonnes à l'aide d'une grue géante.

Quant à la barge Attila qui à escorté le bateau à vapeur à Sugiez, on 9 août 2021 elle a fait peau neuve et est devenue un luxueux bateau-hôtel. L'Attila vogue désormais sur les Trois Lacs ; un atout original de l'offre touristique de la région.

Le *Neuchâtel* a eu une histoire mouvementée, marquée par la pénurie de charbon pendant la guerre, la perte des mètres cube d'eau sous sa coque en raison de la gestion des eaux des trois lacs et le changement de propriétaire à quatre reprises. Après tout ça, je ne peux pas vous dire combien je me réjouissais d'entendre à nouveau le son de sa corne de brume lorsqu'il entrait dans notre port.

La restauration du *Neuchâtel* n'était pas la seule bonne nouvelle que *Le Républicain* m'apportait.

Un nouveau théâtre

Un nouveau théâtre s'ouvrait dans notre quartier. Pendant tant d'années, j'avais eu le plaisir de voir les adultes faire la queue pour entrer voir les spectacles du Casino-Théâtre et les enfants attendre impatiemment les matinées. Le nouveau petit théâtre, très confortable, appelé l'Azimut se trouvait juste en face de chez moi.

Il proposerait des pièces de théâtre, des films, des conférences et des concerts tout au long de l'année.

Avec la renaissance du bateau à vapeur le *Neuchâtel* et notre nouveau théâtre, j'avais l'impression qu'un peu du charme de la Belle Époque était revenu dans mon quartier.

C'était un beau cadeau pour moi qui ai fêté mes 100 ans !

Un partenariat entre promoteurs et agriculteurs

L'industrialisation du quartier de la gare avait commencé en 1924 avec l'expansion du Moulin agricole (vous vous souviendrez que j'étais mécontente) et n'avait pas arrêté dans la région depuis. Se sentant menacés par l'expansion industrielle, dix-sept agriculteurs se sont unis pour créer un groupe de protection des terres agricoles de la Broye ; l'Association était ouverte à tous les agriculteurs du district.

La Chambre d'agriculture de Fribourg, qui a soutenu le groupe, a déclaré qu'«un partenariat entre promoteurs et agriculteurs est fondamental».

Selon un agriculteur local,

« *si* la tendance actuelle se poursuit, dans 200 ans, il n'y aura plus d'agriculture dans la région. Nous ne voulons pas que nos fermes deviennent des jardins de légumes au milieu d'une zone industrielle ».

L'Association a réussi à être reconnue et consultée avant et pendant tout nouveau projet.

L'internet

Ma propriétaire était assise dans son fauteuil et le soleil descendait derrière le Jura. « L'internet est devenu une force dominante, » m'a-t-elle dit. « Les consommateurs qui avaient fait leurs achats en magasin les font désormais en ligne. »

Expérience faite, il me semble presque normal que les achats en ligne évincent les centres commerciaux, qui en avaient fait de même avec les entreprises familiales avant eux.

En 1924, lorsque la photographie est devenue une partie de notre vie, les catalogues arrivaient par la poste depuis d'autres pays en présentant des produits à prix cassés.

Nos autorités locales de l'époque nous ont prévenus qu'il était imprudent de commander des choses par correspondance. Il était conseillé à la population d'acheter localement et de soutenir les entreprises de notre communauté.

On nous répète le même conseil 100 ans plus tard.

Nos grenouilles en soins intensifs

Il y a eu de bonnes nouvelles en 2011 pour nos grenouilles naturalisées qui mangeaient des spaghettis, jouaient au billard et se faisaient couper les cheveux dans notre musée. Les 108 grenouilles qui y étaient hébergées avaient maintenant 160 ans, ce qui est vieux pour n'importe qui, surtout pour une grenouille ! Un crédit a été alloué par la Commune pour les restaurer.

« Plus d'un tiers d'entre elles sont en très mauvais

état, » explique la restauratrice du Musée d'ethnographie de Neuchâtel, mandatée pour évaluer la condition de chaque spécimen. « Leur peau s'est détériorée ; les vibrations du sol résultant du passage de milliers de visiteurs jour après jour ont vidé le sable qui remplissait leurs corps. »

Elle a prévenu qu'il était peu probable qu'on puisse sauver toutes les grenouilles.

La Diva

L'année 2014 a été très chargée en activités, et ma propriétaire n'a pas eu beaucoup de temps à me consacrer. Donc, j'étais contente de la voir s'installer dans son fauteuil près de la cheminée. Cependant, j'ai senti qu'elle était préoccupée par quelque chose, et j'attendais qu'elle me le dise.

« C'est bientôt le Festival de l'Opéra à l'amphithéâtre d'Avenches, » a-t-elle finalement déclaré. « Ils jouent Carmen, et le rôle de Micaëla sera interprété par Greta Baldwin, une soprano américaine renommée. »

Alors..., pour quelle raison elle ma raconte cela ?

Elle a poursuivi, « Eh bien, elle et sa famille ont réservé ici. J'ai peur qu'ils ne soient déçus quand ils verront que nous ne sommes qu'une modeste pension. Une diva de son calibre est probablement habituée aux hôtels cinq étoiles. Je ne l'imagine pas partager la salle de bain avec d'autres. Je n'aurais pas dû prendre la réservation, » se lamentait-elle.

Je n'étais pas contente avec ma propriétaire. Vraiment pas ! Je ne me considérais pas du tout une modeste pension et je ne voyais pas pourquoi une chanteuse d'opéra devrait être traitée différemment des autres. Avait-elle oublié Nicoletta, la célèbre chanteuse française qui avait séjourné chez nous à l'occasion de son concert à l'Abbatiale de Payerne?

J'ai attendu avec impatience l'arrivée de la "diva". Les hôtes venant pour le festival d'opéra arrivaient et s'installaient lorsque qu'une jeune femme vêtue de jeans, d'un pull et arborant une queue de cheval a sonné à ma porte.

« Je suis Greta Baldwin, » dit-elle. « Ma famille a réservé ici et ils arriveront bientôt. »

Sa famille chaleureuse et amicale est restée toute la semaine du festival d'opéra. Greta était une jeune femme douce et discrète, parfaitement à l'aise parmi nos hôtes. Elle semblait totalement inconsciente de la beauté et du talent qu'elle possédait.

Il n'y avait aucune raison pour que ma propriétaire s'inquiète, et j'essaierai d'oublier cette référence à une *modeste pension.*

Les Méga-événements de 2014 à 2016

Il y a 100 ans que la Première Guerre mondiale a été déclarée, mais plus personne autour de moi se souvient de l'événement ! L'Armée de l'air de la Suisse avait été créée pour notre protection à cette époque. Je me suis souvenue de la première fois où j'avais vu un avion... et je croyais que c'était un oiseau. Pour célébrer cet anniversaire, le plus grand spectacle aérien de l'histoire suisse s'est déroulé sur la base aérienne de Payerne. Il s'appelait: AIR14.

Quatre cent mille spectateurs ont assisté à cet événement colossal. L'espace aérien au-dessus de mon toit était une ruche d'activité et mes chambres étaient bondées ! Une étonnante variété d'avions des cent dernières années était visible partout dans le ciel. Il y avait des chasseurs, des bombardiers, des hélicoptères et des avions expérimentaux, même un Jetman. Les plus âgés de ma famille ont installé des chaises dans un champ de tabac voisin pour regarder les avions. L'après-midi s'est terminée sur une note magique, lorsque le Solar Impulse de Bertrand Piccard a plané silencieusement au-dessus de mon toit comme une énorme libellule, avant de disparaître à l'horizon.

Pour la base aérienne de Payerne, ces années correspondaient à des méga-événements. La 44e édition de la Schwingfest, la Fête de lutte suisse et alpestre, s'est déroulée en 2016. Un stade temporaire a accueilli plus de 50 000 spectateurs ; au total, quelque 280 000 spectateurs sont venus assister aux performances des athlètes. Mes chambres débordaient à nouveau et des camping-cars stationnaient sur le gazon de mon jardin. Le téléphone sonnait sans arrêt demandant s'il y avait encore une chambre libre au manoir (depuis longtemps on m'appelle Lady Manor ou le manoir) parmi la population actuelle, beaucoup de gens ne savent même pas que je suis née avec le nom la Villa Saint-Pierre !

J'ai appris tout ce qui se passait lorsque ma propriétaire et ses amis sont rentrés, enthousiastes mais sérieusement défraîchis. La température de 32 degrés était amplifiée par la vaste surface du tarmac de l'aéroport militaire. Les installations de vaporisation, où les spectateurs pouvaient se rafraîchir, sont devenues des points de rencontre favoris.

Quand ces événements gigantesques ont touché à leur fin, nous sommes retournés à nos occupations ; microscopiques en comparaison. J'étais heureuse de voir ma propriétaire assise dans son fauteuil près de la cheminée.

« Tu as remarqué que nous ne sommes plus un B&B? » a-t-elle dit.

Évidemment que j'avais remarqué !

« Les temps ont changé. Les nouveaux B&B ont des salles de bains privées et les clients commencent à les exiger ! De plus, le travail est devenu trop lourd pour moi. Nous n'allons accepter que des groupes désormais. Néanmoins, nous avons eu des hôtes intéressants, non? »

Je m'étais beaucoup amusée pendant mes années de B&B ! Il n'y avait jamais un moment d'ennui. Ma propriétaire sentait bien que nos hôtes de B&B allaient me manquer. Après tout, j'ai été une maison d'hôtes pendant presque 25 ans.

« Afin de t'aider à t'adapter à ta nouvelle vie, » dit-elle, « je vais faire un nouveau salon pour toi et mon mari dans l'annexe. J'installerai une télévision avec un grand écran pour vous deux. »

Je ne peux pas dire à quel point j'ai aimé regarder les nouvelles sur ce grand écran qui remplaçait presque mes journaux !

Le feuilleton *Lüthi und Blanc* était de retour à la télévision en rediffusion, et je pouvais revivre mes années de gloire.

Il y avait beaucoup de programmes intéressants, même une émission sur nos gardes suisses au Vatican avec leurs nouveaux casques fabriqués grâce à une imprimante 3D. Une entreprise suisse a scanné l'original du XVIe siècle et produit un modèle, puis l'a peint avec une solution résistante aux rayons UV.

Nous nous trouvons dans l'ère numérique ; avec l'impression 3D, les réseaux de communication 5G et l'intelligence artificielle, je suppose que mon calendrier sera bientôt projeté sur le mur de ma cuisine et le papier aboli à jamais.

Ah non ! ce n'était pas la seule nouveauté.

Un jeune cinéaste a tourné un court-métrage dans mes locaux. Un étrange gadget bourdonnant a volé au-dessus de mon toit et autour de ma façade.

Si j'avais eu des bras, je l'aurais écrasé ! Il a plané juste devant mes fenêtres et photographié à travers le verre. Quel culot... vous imaginez?

Quand j'ai vu le film terminé sur l'ordinateur de ma propriétaire, elle m'a expliqué que c'était un drone.

« La cinématographie a changé depuis que tu étais une vedette de feuilleton télévisé. Les drones peuvent filmer sous des angles qui n'étaient pas possibles il y a quelques années. »

J'ai écouté l'explication de la nouvelle technique de tournage ; j'étais submergée par une nostalgie me rappelant l'enchevêtrement de câbles, les lumières chaudes et les cris de l'équipe de tournage de ma vie quotidienne, à l'époque où j'étais une vedette.

2019 - Bicentenaire de Nova Friburgo

Il y a deux cents ans, le bord de notre lac a été le témoin du départ d'un groupe de Suisses partis d'Estavayer pour fonder la colonie de Nova Friburgo au Brésil. La commémoration du 4 juillet a débuté par une messe dirigée par l'évêque à la Collégiale de St-Laurent. Ma propriétaire s'est jointe à la procession jusqu'à la place Nova Friburgo au bord du lac.

En 1819, la Suisse, comme une grande partie de l'Europe, souffrait de la pauvreté et de la faim. Une période d'anomalies climatiques dues à des éruptions volcaniques et à de basses températures a abouti à un désastre agricole et à une famine massive.

Le Brésil, une ancienne colonie portugaise, se dirigeait vers l'indépendance. Afin de promouvoir une civilisation de type européen dans ce royaume, le roi a proposé un traité de colonisation à l'État de Fribourg, offrant à ses agriculteurs les frais de voyage et des terres gratuites dans les montagnes. Le rêve de posséder des terres productives, à l'abri du froid et du gel, s'est installé dans l'esprit des paysans suisses.

Le 4 juillet 1819, après une messe solennelle dans la Collégiale de Saint-Laurent, 830 Suisses quittaient Estavayer pour Bâle afin de rejoindre les émigrants du Jura et d'autres régions de Suisse alémanique. Cette année-là, 1 088 Suisses s'embarquaient pour un voyage sans retour.

Après une l'attente de six semaines en Hollande, ils prennent la mer. Le voyage tourne à la tragédie lorsque les tempêtes brisent les mâts des voiliers. Plus de 400 passagers se noient ; des requins rôdeurs dévorent les morts !

Ex-voto commémorant le départ d'Estavayer des émigrés suisses à destination du Brésil.

(Bibliothèque cantonale et universitaire, Fribourg.)

En décembre, les survivants débarquent enfin à Rio de Janeiro et mangent pour la première fois des oranges et des bananes.

Au rythme des fifres et des tambours, les survivants marchent vers les montagnes et inaugurent leur nouvelle colonie. La première administration locale est créée, des messes sont célébrées et les enfants rencontrent leur instituteur, Bonaventure Bardy.

Les colons suisses ont défriché et brûlé la forêt tropicale pour la transformer en terres cultivables. Lorsque le sol s'est avéré pauvre, les émigrants les plus déterminés transforment la forêt vierge en pâturages qui ressemblent à la Gruyère ou au Pays-d'Enhaut.

D'autres se sont tournés vers la culture du café. Nova Friburgo est devenu un centre d'approvisionnement et un axe pour le transport du café vers le port de Rio de Janeiro. La colonie a continué à prospérer, grâce notamment à ses liens avec Fribourg et la Suisse. Aujourd'hui, une sculpture au bord du lac marque le départ de l'exode.

Mon lifting à l'âge de 110 ans

Quand ma propriétaire est revenue de la place Nova Friburgo, elle était d'humeur bavarde. S'installant dans son fauteuil près de la cheminée, elle me déclara ceci:

« Je vais t'offrir un lifting pour ton anniversaire de 110 ans. Je vais rénover ta façade. »

C'était très sympathique de sa part, et j'ai beaucoup apprécié ma métamorphose. Deux jeunes et beaux tailleurs de pierre ont rénové les colonnes qui soutiennent mon portique et réparé mes appuis de fenêtre. Ils ont passé des jours et des jours à poncer ma molasse: c'était agréable, comme un doux massage. Les boiseries défraîchies sous mon toit ont été repeintes.

Atteindre mon toit n'était pas une mince affaire: un camion équipé d'une plate-forme élévatrice a été amené dans mon jardin.

Un peintre a déplacé la plate-forme du haut en bas de ma façade. Je me suis rapidement habituée à le voir tourner autour de moi et il m'a manqué lorsque le travail a été terminé.

Une fontaine est apparue dans mon bassin d'eau. J'étais impressionnée par sa ponctualité ; elle jaillissait à 10 heures du matin et disparaissait à 18 heures précises. Je me sentais maintenant en bonne forme et prête à affronter le prochain siècle.

L'Institut du Sacré-Cœur a aussi subi des transformations, mais heureusement sans toucher sa formidable façade néogothique. Les sœurs qui ont dirigé l'Institut pendant cent ans étaient trop peu nombreuses et trop âgées pour continuer.

Elles ont vendu leur bâtiment à la ville pour qu'il puisse continuer à fonctionner comme une école. Après les modifications du bâtiment pour répondre aux normes modernes, la Commune retrouvait une superbe école et un magnifique parc pour les futures générations d'enfants.

En ce qui concerne le reste des quartiers en dehors de la veille ville, des bâtiments carrés sans toit et sans âme, reproduits des milliers de fois par des programmes informatiques, commencent à apparaître partout. Les planches à dessin et les grands plans bleus, tel que ceux de M Devolz, qui donnaient naissance à des bâtiment uniques, n'existent plus. Après un siècle de critiques désobligeantes à l'égard du bâtiment du Moulin agricole, je dois avouer qu'à l'heure actuelle, je trouve sa façade parmi les plus attrayantes du quartier de la gare.

Lorsque mon observation de l'avenue de la Gare devenait un peu ennuyeuse, le Buffet de la Gare, le plus ancien établissement de notre quartier, avec l'association Oldtimer Motor Broye, a organisé des rencontres de voitures anciennes le vendredi soir en été.

À partir de ce moment, heureusement pour moi, un passionnant défilé de voitures passait devant mon portail chaque vendredi. C'était un mélange de véhicules vintage, de jeeps militaires de la Seconde Guerre mondiale, de voitures dites *old timers* ou *new timers*.

J'étais très reconnaissante envers le Buffet de la Gare pour ce spectacle divertissant.

2020 – Le Covid-19

Comme je connais tellement bien le cycle centenaire des événements humains, j'étais mortifiée de ne pas avoir vu venir l'épidémie de 2020.

Nous avons appris qu'un virus appelé Covid-19 était apparu en Chine. À la vitesse de l'éclair, il a envahi le nord de l'Italie. Notre frontière italo-suisse a été la première touchée, puis le reste du pays, l'Europe et le monde entier. Des restrictions sévères ont été imposées à la population; les personnes âgées étaient confinées chez elles.

Les jeunes membres de la famille et des bénévoles faisaient les courses; les écoliers et le personnel de bureau travaillaient sur des écrans d'ordinateur et sur zoom.

Du côté positif, le virus a ramené mon environnement à ce qu'il était quand j'étais jeune. Comme il n'y avait plus d'avions, le ciel bleu était sans traces de condensation. Moins de voitures passaient devant mon portail sur l'avenue de la Gare, et les piétons portaient des masques.

Les oiseaux chantaient plus fort ou peut-être je les entendais mieux. Après des années d'importation effrénée de denrées alimentaires en provenance du bout du monde, les gens achetaient les produits cultivés autour d'eux, même directement à la ferme. Personne ne savait combien de temps le virus resterait parmi nous, ni ce que l'avenir nous réservait.

Ma propriétaire est restée dans la maison de son mari à la campagne pendant la pandémie et passait périodiquement me voir et s'occuper de mon jardin.

Nos frontières étaient fermées, sauf pour les travailleurs étrangers, les écoles et les commerces non essentiels. Les informations quotidiennes nous tenaient au courant de l'augmentation constante du nombre de cas et de décès.

C'était exactement ce que j'avais vécu en 1918 avec la grippe espagnole. Des tentes ont à nouveau été construites à l'extérieur des hôpitaux, mais au lieu que les soins soient prodigués par les sœurs catholiques, c'était l'armée qui appuyait le personnel médical surmené.

Une fois encore, nos journaux étaient remplis d'annonces de décès et les morgues manquaient d'espace pour stocker les cercueils en attente d'être enterrés.

Notre procession du Surrexit, après avoir survécu pendant des siècles, a été annulée, de même que notre brocante, nos marchés et d'autres événements publics. Les nobles confréries de pêcheurs ont tenu les assemblées virtuelles par zoom.

Mes chambres étaient vides, froides et silencieuses ! Pas plus de cinq personnes étaient autorisées à se rassembler en même temps. Un mois plus tard, mon journal cessait de paraître par manque de publicité.

Heureusement, la locataire de mon studio avait allumé sa télévision, donc je pouvais rester informée.

À la fin du mois de mai, la première vague de l'épidémie s'est calmée et la population a repris des activités presque normales, mais avec des masques, les mains désinfectées et une certaine distance sociale.

Pendant ce court intervalle, j'ai vécu un événement merveilleux dans mes chambres et dans mon jardin ; le mariage de mon petit garçon, rentré des Etats-Unis, avec une charmante jeune dame allemande. Par un heureux hasard, la fête se déroulait entre deux vagues de Covid quand les frontières étaient encore ouvertes.

C'était la seule bonne chose qui nous soit arrivée cette année-là ! En novembre, une deuxième vague a frappé le pays et a été encore pire que la première. Pendant deux ans, l'épidémie avait compliqué la gestion de mon espace et mis à rude épreuve notre personnel.

Trois mois de réservations de groupes ont dû être annulés et les acomptes restitués.

Une troisième vague semblait imminente au printemps 2021, mais heureusement, la population la plus vulnérable avait déjà été vaccinée.

Une nouvelle guerre en Europe

Ma propriétaire était à nouveau veuve et passait l'hiver avec sa famille en Amérique. Les mois interminables, froids et silencieux, me rappelaient l'hiver 2000, lorsque Lothar avait démoli mon toit. Je me demandais quand ma propriétaire reviendrait et si elle reviendrait, tout court.

En mars, les premières fleurs de printemps sont apparues dans mon jardin et les crocus violets ont fait leur apparition autour de la statue d'ours sculptée à partir du tronc du cèdre. Toujours aucun signe de ma propriétaire. Je commençais à me résigner à être abandonnée une fois de plus. Soudain, sa valise est apparue sur le pas de ma porte. Quelle merveilleuse surprise printanière pour moi.

Après quelques jours de repos, je l'ai retrouvée dans son fauteuil préféré, près de la cheminée. J'étais soulagée que ce long hiver silencieux ait pris fin et que nos entretiens puissent reprendre.

« Je pense que tu n'es pas informée des affaires courantes, comme j'ai arrêté les journaux et la maison était vide. Je suis désolée de te dire qu'il y a une nouvelle guerre en Europe, en Ukraine. Le pays est attaqué par la Russie et bombardé sans merci ! Il y a beaucoup de morts et beaucoup de réfugiés vont arriver chez nous. »

Évidemment, j'étais choquée. Ça fait plus de 80 ans que nous n'avons pas eu une guerre majeure en Europe.

J'étais jeune à l'époque des Guerres mondiales et j'ai pensé alors que les humains évolueraient au-delà de leurs différends en s'entretuant. Je vois que ça va prendre encore du temps !

Me souvenant des horreurs des guerres que j'avais déjà vécues, j'espérais ne pas vivre une troisième guerre mondiale.

Le lendemain, j'ai vu des petites affiches sur les portes de mes chambres à coucher comme à l'époque du B&B quand ce geste faisait partie de notre accueil. Seulement maintenant ils étaient bleus et jaunes et souhaitaient la bienvenue en Ukrainien, avec des lettres bien étranges.

Jour après jour, mes chambres se remplissaient de femmes d'Ukraine, désorientées et soucieuses pour leurs maris, pères et fils en train de se battre dans une zone de guerre. Elles remerciaient ma propriétaire sans arrêt avec de longs discours incompréhensibles. J'ai compris que leur gratitude s'adressait à moi, enfin c'était bien moi qui les logeais, n'est-ce pas?

La communication était un grand problème. Mais pour une fois, pas seulement pour moi, mais pour tout le monde.

Les Ukrainiennes ne parlaient qu'Ukrainien!

Mes séances avec ma propriétaire étaient plus fréquentes depuis l'arrivée des réfugiées. C'était comme à l'époque du décès de Monsieur Jack, quand elle avait besoin de résoudre ses problèmes en les exprimant à haute voix.

« La télé ne marche pas au 2ème étage, » me dit-elle. « Je ne sais pas si je dois la réparer ou pas. Ces femmes vont voir des images terribles de la destruction de leur pays. Je ne sais pas quoi faire ! »

Moi non plus. Attendons un cessez-le-feu, peut-être !

« Je pense que je vais attendre un cessez-le-feu, » dit-elle.

Les réfugiées passaient la plupart du temps dans leurs chambres, contrairement aux hôtes de B&B et je me demandais pourquoi elles ne profitaient pas de mon beau jardin. Enfin, une jeune dame qui parlait un peu l'anglais est arrivée de Kharkiv et a expliqué que les réfugiées se sentent encore vulnérables dehors, même s'il n'y a pas de bombes qui tombent du ciel chez nous !

A fin avril, elles étaient une douzaine et je ne savais pas combien de temps elles resteraient chez moi.

Ma propriétaire ne le savait pas non plus.

Mon Journal Intime

Le soleil commençait sa descente derrière le Jura, et ma propriétaire était confortablement installée dans son fauteuil près de la cheminée. J'ai ressenti qu'elle avait quelque chose d'important à me dire, et cela m'a beaucoup inquiétée.

Était-elle malade? Allait-elle me quitter de nouveau?

Après un long silence, elle a pris la parole.

« J'ai beaucoup réfléchi à ton sujet. Tu as une longue vie devant toi, et je ne serai pas toujours à tes côtés. Heureusement, je suis en excellente santé et pourrai prendre soin de toi pendant encore un certain temps. Cependant, tôt ou tard, des nouveaux propriétaires feront partie de ton avenir.»

Entendre ces paroles m'a choquée, mais il est vrai que la durée de la vie humaine est malheureusement trop courte pour que je puisse garder le même propriétaire tout au long de mon existence.

Ma propriétaire poursuit,

« A présent, je vais arrêter d'écrire ton journal. Je ne suis plus jeune, et il y a beaucoup de choses que j'aimerais faire dans le temps qu'il me reste. Néanmoins, j'ai décidé de le faire imprimer. Un journal imprimé sera utile pour tes futurs propriétaires et aux nouveaux arrivants dans le quartier. Il leur permettra de prendre connaissance de ce qui s'est passé ici avant leur arrivée. »

Ouf ! Donc, il n'y a rien de grave.

Et je conviens qu'un mode d'emploi serait utile pour mes futurs propriétaires et ma faciliterait le tache de les gérer.

J'ai pensé aux deux veuves qui ont joué un rôle majeur dans ma vie jusqu'à présent. Celle qui m'a mise au monde et celle qui m'a restaurée. Que pourrais-je leur dire pour leur exprimer ma gratitude, si ce n'est...

Merci d'avoir partagé avec moi ces décennies de votre vie et pour le dévouement et le soin que vous m'avez accordé !

La Villa Saint-Pierre

L'auteure est née Phyllis Ellison dans le nord du Wisconsin aux États-Unis. Elle est venue en Suisse avec son mari américain lors de son voyage de noces et n'en est jamais repartie.

Pour plus d'information sur l'auteure ou ce livre, visitez **www.myladysmanor.org.**

Vos remarques et commentaires sur Le journal intime de la Villa Saint-Pierre seront les bienvenus.

INDEX

Bibliographie

Données matérielles et documentaires pour servir à l'histoire de la Rue Saint-Pierre 7, Clos Saint-Pierre par Daniel de Raemy, Service des biens culturels SBC, Monuments d'art et d'histoire du canton de Fribourg

Journal d'Estavayer et du Journal de la Broye de 1910 à 1980, Imprimerie Butty, Media f

L'Illustration, Journal Hebdomadaire Universel, 13 rue St. George, Paris

Le temps de la Mob en Suisse romande, 1939-1945

La Suisse dans les tempêtes du XXe siècle

The New York Herald European Edition, August 4, 1914, Swiss will fight for Neutrality

The New York Herald European Edition, March 14, 1916, Nearly 2,500 Huns want to be Swiss.

The New York Herald European Edition, June 5, 1916. Italian Hour advanced – French daylight-saving scheme

The New York Herald European Edition, November 12, 1918 - Text of the Armistice conditions

Techniques in Archaeological Geology par professor Ervan G. Garrison, University of Georgia USA

Etude historique de la littérature fribourgeoise, Imprimerie St-Paul, 1907, Bernard de Vevey

Louis Grangier, les Nouvelles Etrennes fribourgeoises, 1942

La Liberté, archives anciennes de 1892 à 2012

Annales fribourgeoises 1925, 1926, 1928, 1929, 1932

Les Annales d'Estavayer, Dom Philippe Grangier ,1905.

La Suisse et la Grand Guerre, George Wagnière,1938

Guides des Monuments Suisse, Estavayer-le-Lac,
Société d'Histoire de l'Art en Suisse

Terre ! Terre ! George Ducotterd et Robert Loup, 1939

La Broye fribourgeoise racontée par la carte postale,
Jean-Pierre Grossrieder

Le Passé du Présent, Estavayer-le-Lac, George Losey &
Hervé Galeuchet

Les Dominicaines d'Estavayer-le-Lac, 1316 – 2016, par
Daniel de Raemy

Switzerland from earliest times to the Roman conquest, Marc R. Sauter.

2ème Correction des eaux du Jura, Hanni Schwab &
R.Müller

et d'autres œuvres.

www.ingramcontent.com/pod-product-compliance
Lightning Source LLC
LaVergne TN
LVHW091658190726
843493LV00001B/54